Fundamentos científicos
da teologia cristã

SÉRIE PRINCÍPIOS DE TEOLOGIA CATÓLICA

inter
saberes

Fundamentos científicos
da teologia cristã

Larissa Fernandes Menegatti

Rua Clara Vendramin, 58 . Mossunguê
CEP 81200-170 . Curitiba . PR . Brasil
Fone: (41) 2106-4170
www.intersaberes.com
editora@intersaberes.com

Conselho editorial
Dr. Alexandre Coutinho Pagliarini
Drª Elena Godoy
Dr. Neri dos Santos
Dr. Ulf Gregor Baranow
Editora-chefe
Lindsay Azambuja
Gerente editorial
Ariadne Nunes Wenger
Assistente editorial
Daniela Viroli Pereira Pinto
Preparação de originais
Luiz Gustavo Micheletti Bazana

Edição de texto
Larissa Carolina de Andrade
Tiago Krelling Marinaska
Capa e projeto gráfico
Iná Trigo (*design*)
Tatiana Kasyanova/Shutterstock (imagem)
Diagramação
Charles L. da Silva
Equipe de *design*
Charles L. da Silva
Sílvio Gabriel Spannenberg
Iconografia
Regina Claudia Cruz Prestes

1ª edição, 2020.
Foi feito o depósito legal.

Informamos que é de inteira responsabilidade da autora a emissão de conceitos.

Nenhuma parte desta publicação poderá ser reproduzida por qualquer meio ou forma sem a prévia autorização da Editora InterSaberes.

A violação dos direitos autorais é crime estabelecido na Lei n. 9.610/1998 e punido pelo art. 184 do Código Penal.

Dados Internacionais de Catalogação na Publicação (CIP)
(Câmara Brasileira do Livro, SP, Brasil)

Menegatti, Larissa Fernandes
    Fundamentos científicos da teologia cristã/Larissa Fernandes Menegatti. Curitiba: InterSaberes, 2020.
(Série Princípios de Teologia Católica)

    Bibliografia.
    ISBN 978-65-5517-014-6

    1. Teologia – Ensino bíblico 2. Teologia católica 3. Teologia cristã I. Título II. Série.

20-34109   CDD-230

Índices para catálogo sistemático:
1. Teologia cristã   230
Maria Alice Ferreira – Bibliotecária – CRB-8/7964

Prefácio, 13
Apresentação, 19
Como aproveitar ao máximo este livro, 23

1	Conceitos de teologia, 27
1.1	Conceito clássico, 31
1.2	Conceito patrístico, 33
1.3	Conceito escolástico, 36
1.4	Conceito moderno, 40
1.5	Conceito contemporâneo, 42

2	Linguagens da teologia, 53
2.1	Linguagem popular, 57
2.2	Linguagem pastoral, 59
2.3	Linguagem mistagógica, 61
2.4	Linguagem acadêmico-científica, 64
2.5	Articulações entre as linguagens da teologia, 66

3	Teologia como ciência, 77
3.1	Caráter epistemológico, 81
3.2	Caráter interdisciplinar, 84
3.3	Caráter hermenêutico, 86
3.4	Riscos de uma descaracterização da teologia, 88
3.5	A teologia dos grandes teólogos, 91

4	Método da teologia, 107
4.1	Primeiro movimento: *auditus fidei*, 111
4.2	Segundo movimento: *intellectus fidei*, 113
4.3	Terceiro movimento: *applicatio fidei*, 115
4.4	Teologia dedutiva (*fides quae*), 118
4.5	Teologia indutiva (*fides qua*), 120

5	Condições epistemológicas do labor teológico, 131
5.1	Critérios de discernimento, 134
5.2	Embasamento bíblico, 136
5.3	Embasamento histórico, 138
5.4	Embasamento no Magistério, 142
5.5	Relação com a práxis, 145

6	Componentes para o êxito do labor teológico, 157
6.1	Experiência de Deus, 160
6.2	Competência intelectual, 163
6.3	Hábitos de estudo, 167
6.4	Imersão na realidade, 169
6.5	Convivência humana, 171

Considerações finais, 181
Lista de siglas, 185
Referências, 187
Bibliografia comentada, 193
Respostas, 197
Sobre a autora, 205

Ao meu esposo, Rafael Menegatti, e meu filho,
Tomás Gabriel Menegatti.

Aos mestres, com estima e carinho.

A todos e todas que empenham seu intelecto, seu coração
e suas energias vitais no labor teológico.

Minha gratidão a Deus, primazia da minha existência
e razão pela qual meu empenho intelectual se desdobra.

Aos meus professores de teologia e de outras áreas do
conhecimento que despertaram meu interesse intelectual
pela arte do saber.

Aos que partilham comigo da busca pela verdade
e do compromisso por uma teologia bem edificada sobre
o fundamento da fé cristã.

A fé e a razão (*fides et ratio*) constituem como que as duas asas pelas quais o espírito humano se eleva para a contemplação da verdade. Foi Deus quem colocou no coração do ser humano o desejo de conhecer a verdade e, em última análise, de O conhecer a Ele, para que, conhecendo-O e amando-O, possa chegar também à verdade plena sobre si próprio.

(João Paulo II, na encíclica *Fides et ratio*)

Prefácio

É voz comum, entre os que estudam ciências humanas, sobretudo filosofia, e, mais ainda, entre teólogos e lideranças eclesiais, que se debruçam sobre as grandes questões que afligem hoje a humanidade, reconhecer que a crise mais fundamental que nosso mundo está enfrentando é a de sentido. Uma crise em duas vertentes: tanto da ausência de sentido como do conflito entre sentidos rivais.

Em ambos os casos, parece evidente que a tarefa da teologia é apontar caminhos para a superação dessa crise. Mas essa superação é impossível sem a virtude da alegria e da esperança. De fato, para refletir sobre o dom da Revelação e da fé, que se constitui como origem, sentido e fim de toda teologia, é mais que útil um jeito de viver marcado pela alegria. A alegria de ter encontrado aquilo, ou melhor, aquele que é o sentido de nossa vida. A alegria é o cerne da vocação do teólogo e faz parte de nossa resposta à fome de sentido em nossa sociedade.

Essa alegria não acontece facilmente. É fruto da fé e do árduo trabalho de buscar a verdade, de lutar para entender, de alargar a mente. E isso em uma sociedade que parece ter perdido a confiança na possibilidade de alcançar e experimentar a verdade. Na encíclica *Fides et Ratio*, sobre a relação entre teologia e filosofia e entre fé e razão, Papa João Paulo II, logo no início, constata com inquietação: "A busca da verdade última aparece muitas vezes ofuscada. [...] Os resultados positivos alcançados [pela filosofia moderna] não devem levar a transcurar o fato de que essa mesma razão, porque ocupada a investigar de maneira unilateral o homem como objeto, parece ter-se esquecido de que este é sempre chamado a voltar-se também para uma realidade que o transcende. [...] A razão, sob o peso de tanto saber, em vez de exprimir melhor a tensão para a verdade, curvou-se sobre si mesma, tornando-se incapaz, com o passar do tempo, de levantar o olhar para o alto e de ousar atingir a verdade do ser" (FR, 1998, n. 5). Parece que vivemos sob um teto baixo, com uma viseira sobre nossos olhos, uma nuvem que nos impede de ver mais, de buscar mais. Daí a obscuridade de nossos tempos, a noite escura da cultura atual. Nesse contexto, a beleza e o teste da vida e do ministério teológicos são a alegria e a esperança.

Como viver essa alegria em um mundo sem sentido, sob um teto baixo que embaralha a visão das íngremes subidas e das doces consolações da busca da verdade? A resposta nos vem do grande teólogo Jesus Cristo, aquele que, sendo Deus e homem, conhecia a ambos e de ambos falava de modo único e irreformável. E todos sabemos que o lugar por excelência desse conhecimento e dessa proclamação foi a cruz. Por isso, podemos afirmar: exatamente nas linhas sísmicas do mundo, no olho do furacão, nas brechas que dividem os corações e os povos, que separam os sistemas políticos e econômicos, as religiões, as igrejas, as tendências teológicas, as opções pastorais, as diferentes concepções de fé e de Igreja, precisamente aí, nessas brechas divisoras, se encontra o lugar teológico, onde reconhece os vazios e conflitos de sentido e onde ao mesmo tempo aponta soluções e superações. Manter-se nesse *locus theologicus* é manter-se na cruz teológica para poder, só então e a partir daí transformá-la em luz de ressurreição; para, das brechas da morte, produzir brotos de vida. Como o Cristo que desceu, humilhou-se, despojou-se, aniquilou-se e por isso (insista-se, por isso) foi exaltado (Fl 2,6-11). Assim, o teólogo que vive esse despojamento e essa aniquilação, muitas vezes sem ele mesmo ver a luz no fim do túnel, abre caminho para as ressurreições que vão acontecendo dia por dia na história, seja da humanidade, seja da Igreja.

Porém, para que esse *locus theologicus* das brechas deixe de ser lugar de violências e divisões, crimes e exclusões, de pecados de diversos tipos que mancham diariamente as páginas de nossos jornais, os meandros de nossos corações e instituições e torne-se lugar de alegria, de superação da crise de sentido e do conflito de sentidos, para que dessa brecha surja o broto da vida e a árvore da salvação, é preciso alegria e esperança. Como o Senhor que, apesar da angústia do horto das oliveiras, assumiu sua cruz com disposição de quem abre caminhos, dá vida e aponta soluções. Nós também, se quisermos trazer alegria e esperança para este mundo sem sentido e/ou com sentidos conflitivos, precisamos estar nesses lugares de sofrimento e angústia. É ponto fulcral de nossa fé cristã: sem cruz não há salvação. Superando a estreiteza das ideologias estabilizadoras, das ideias estanques, dos posicionamentos fáceis, conservadores, mantenedores de um *status quaestionis* infrutífero porque isolado. Encontrando o Deus feito homem em cada ser humano que se nos aparece, em suas grandezas e misérias, graças e pecados, desafiando-nos sempre, para além de todas as nossas conquistas. Passando das brechas sangrentas e divisoras para os brotos que afundam raízes no passado e erguem-se para os lados e para o alto, até chegarem a produzir frutos para a vida do mundo. Enfim, assumindo a cruz e apontando para a ressurreição.

Por isso, se a alegria é a virtude cristã de todo fiel que acolhe a boa notícia da salvação em Cristo, mais ainda o será de todo teólogo, chamado a dar razões, para si e para os irmãos e irmãs de caminhada, da fé e esperança comuns. Mas a alegria cristã não é apenas euforia, entusiasmo superficial, fruto da satisfação imediata e egoísta das próprias carências, como fenômenos religiosos atuais insistem em apresentá-la, também no interior de nossa Igreja. Ela é alegria pascal, proveniente de assumir a cruz, de entrar pelas brechas, sofrer as esperas, caminhar pelo deserto. Então, cabe ao teólogo encontrá-la e experimentá-la ali onde ela realmente se encontra: na cruz. Em tempos do pontificado do Papa Francisco, que nas brechas eclesiais e eclesiásticas assume a cruz de Cristo e trabalha com afinco pela reforma da Igreja, é motivo de esperança encontrar uma obra de introdução à teologia que nos põe diante do Mistério.

Com efeito, para a superação de tantos males encalacrados na Igreja, como o clericalismo, o mundanismo espiritual, a hipocrisia farisaica e o carreirismo eclesiástico, dentre outros, a teologia feita na sombra do Mistério abre o coração e a razão para alargar a mente em busca de novos horizontes. Apresentando, de maneira ao mesmo tempo didática e profunda, clássica e renovada, crente e científica, os grandes temas da introdução à teologia, a jovem teóloga Larissa Fernandes Menegatti nos introduz nos *Fundamentos científicos da teologia cristã*. A teologia como ciência da fé é esmiuçada em seus conceitos, em suas linguagens e em seus métodos. Ao tratar das condições epistemológicas para o trabalho do teólogo, a autora insiste nos componentes para o êxito do labor teológico: a experiência de Deus, a competência intelectual e o hábito do estudo.

Diante de tantas brechas que expõem a angústia e o vazio do mundo atual, percebe-se que a alegria e a esperança estão sempre à disposição dos que anseiam e se desafiam a procurar o sentido da vida. Nesse tempo a teologia pergunta-se: Como ampliar esse anseio sem ser interesseiro, ingênuo e apressado? Sem forçar a barra para que todos encontrem a resposta imediatamente e do mesmo jeito que nós? Sem impor a verdade absoluta de Deus, contrariando assim o próprio sentido da verdade? Também aqui arriscamos uma resposta. A teologia repete sempre a mesma resposta, embora ensaiando-a sempre nova em contextos e linguagens os mais diversos: é necessário voltar sempre a Deus com a paixão do coração convertido, a audácia do pensamento profético e a misericórdia dos gestos transformadores, a fim de que, como ensinou o Papa João Paulo II na encíclica *Redemptor Hominis*, "cada homem possa encontrar Cristo, a fim de que Cristo possa percorrer juntamente com cada homem o caminho da vida, com a potência daquela verdade sobre o homem e sobre o mundo, contida no Mistério da Encarnação e da Redenção" (RH, 1979, n. 13).

Aos que se desafiarem a buscar a Deus nas profundezas do coração, nas ambiguidades da história, na carne dos pobres, nos sinais dos tempos, nas iluminações da razão, este livro se oferece como guia seguro e sereno e vai levá-los, com certeza, a uma curiosidade sempre maior: conhecer mais para amar mais; amar mais para conhecer mais. Em um caminho de saciação sem fim.

Pe. Vitor Galdino Feller

Apresentação

Toda obra bem edificada resulta de bons fundamentos. Quando se contemplam grandes construções seculares, como a magnífica Basílica de São Pedro (reconstruída no século XVI e que cobre uma área de 23 mil metros quadrados[1], capaz de abrigar 60 mil pessoas) ou as milenares pirâmides egípcias (construídas há quase 5 mil anos, chegando a medir originalmente 140 metros[2] de altura e consideradas as mais antigas estruturas monumentais do mundo), além de pensar no engenho desses trabalhos, lembramo-nos dos alicerces profundos que sustentam tamanhas obras.

Uma das fases mais importantes para o projeto estrutural de uma obra refere-se ao posicionamento e ao dimensionamento de seus alicerces. A engenharia estabelece para si três principais funções: a primeira é garantir a superestrutura dos elementos de fundação; a segunda é colaborar significativamente na estabilidade global para a estrutura;

---

[1] De acordo com Ching, Onouye e Zuberbuhler (2015).
[2] De acordo com Pádua (2017).

e a terceira é permitir que determinada edificação resista aos fenômenos físicos que atuam sobre a obra. Entre os elementos que a engenharia tem de levar em conta para que determinada edificação tenha êxito, temos o solo de sustentação do alicerce, que deve ser resistente a ponto de suportar o peso do edifício. O engenheiro Carlos Mafei, da Universidade de São Paulo (USP), observa, ao escrever para a revista *Superinteressante*, que, "Muitas vezes, o solo bom está muitos metros abaixo da superfície, por isso temos que cavar fundo para encontrá-lo".

A Sagrada Escritura está repleta de exemplos que remetem à ideia de fundamento, fundação e alicerce como etapa principal na construção de um edifício. O Antigo Testamento fala que a sabedoria edifica a casa (Pv 14,1) e compara o Criador a um divino mestre de obras (Pv 8,30). O Novo Testamento aponta que o fundamento sobre o qual se constrói o edifício da fé é Jesus Cristo (ICor 3,11; Ef 2,20). Se Ele é considerado o fundamento de uma edificação, isso significa o quão importante é essa etapa na construção de uma obra.

Em nível científico, uma boa fundamentação depende de um aprofundamento sobre o conceito central do objeto de estudo. Como ponto de partida, precisamos conhecer, primeiramente, a origem etimológica da palavra *teologia* (do grego *theos* = Deus; *Logos* = estudo, palavra) para compreendermos que sua raiz está fundada no discurso humano sobre Deus e nas perspectivas religiosas que surgiram desse conceito. Para Platão (427 a.C.-347 a.C.), a teologia busca conhecer a essência de tudo o que está fora do mundo e que é de natureza racional. Já para Aristóteles (384 a.C.-322 a.C.), a teologia consiste na ciência das causas primeiras que fundamentam toda a compreensão racional da existência e da realidade. Assim, o conceito dessa área do conhecimento, já utilizado por Platão e Aristóteles, equivale ao que hoje se entende por metafísica ou ontologia. É importante destacarmos que a teologia cristã se constrói em períodos históricos distintos, os quais devem ser conhecidos e considerados na análise e interpretação da teologia até os tempos atuais.

No Capítulo 1, apresentaremos a teologia em seus conceitos clássico (que consiste em compreender e aprofundar as verdades reveladas à luz da razão iluminada pela fé); patrístico (o estilo sapiencial dos Padres da Igreja antiga); escolástico (desenvolvido no período medieval, composto por fases distintas, mas caracterizado pelo caráter especulativo); moderno (marcado por um clima defensivo e combatente na Igreja, sob a atmosfera de uma série de transformações socioculturais); e contemporâneo (caracterizado por um movimento de abertura e diálogo entre a Igreja e o mundo).

No Capítulo 2, estudaremos a teologia em seus níveis de linguagem, que decorrem de ambientes e públicos diferentes, apresentando esquemas mentais distintos em vista de seu objetivo comunicativo. Como a teologia é uma atividade da inteligência, necessita da linguagem para comunicar-se. Por isso, abordaremos a teologia nas linguagens popular, pastoral, mistagógica e acadêmico-científica, assim como a relação entre elas.

No Capítulo 3, analisaremos os elementos que caracterizam a teologia como ciência e os aspectos distintos em relação às demais ciências, visto que seu rigor científico resulta dos pressupostos da fé. Assim, a teologia será abordada em seu aspecto epistemológico interdisciplinar, considerando sua relação com as outras ciências e seu caráter hermenêutico. Refletiremos sobre os riscos de uma descaracterização da teologia e discutiremos sobre grandes teólogos, com destaque para Santo Agostinho e Santo Tomás de Aquino.

No Capítulo 4, conheceremos o método da teologia e demonstraremos como empregá-lo. Embora existam muitas linhas do pensamento teológico, há um caminho metodológico fundamental, sobre o qual está estruturado o capítulo, considerando os três movimentos do método teológico: *auditus fidei, intellectus fidei* e *applicatio fidei*, expressões latinas que indicam, respectivamente, a escuta da fé, a inteligência reflexiva da fé e sua aplicabilidade. Para finalizar, abordaremos os métodos dedutivo (*fides quae*) e indutivo (*fides qua*), que sintetizam as duas grandes tendências teológicas.

No Capítulo 5, discutiremos as condições epistemológicas para o desempenho do trabalho teológico, fazendo, primeiro, um esboço dos critérios de discernimento da teologia cristã. Em seguida, estudaremos o embasamento bíblico, o fundamento radical da fé, o embasamento histórico na Tradição eclesial e na história da humanidade, o embasamento no Magistério e a relação com a práxis e a realidade atual.

Para concluirmos, no Capítulo 6 estudaremos os componentes para o êxito do labor teológico. Primeiramente, destacaremos a experiência de Deus, tendo presente o senso do Mistério e a vida de oração. Em seguida, abordaremos a competência intelectual, o cultivo do intelecto, o conhecimento de suas aptidões de raciocínio e a honestidade intelectual. Analisaremos a importância de hábitos de estudo atrelados à autodisciplina, à ambientação e à assiduidade na leitura. Por fim, trataremos da importância de o teólogo estar imerso na realidade e embebido de humanidade por meio da convivência humana como fonte de aprendizado permanente.

Como aproveitar ao máximo este livro

Empregamos nesta obra recursos que visam enriquecer seu aprendizado, facilitar a compreensão dos conteúdos e tornar a leitura mais dinâmica. Conheça a seguir cada uma dessas ferramentas e saiba como elas estão distribuídas no decorrer deste livro para bem aproveitá-las.

Introdução do capítulo

Logo na abertura do capítulo, informamos os temas de estudo e os objetivos de aprendizagem que serão nele abrangidos, fazendo considerações preliminares sobre as temáticas em foco.

> O ponto de partida para estudarmos a cientificidade da teologia consiste no conhecimento dos conceitos de teologia desenvolvidos ao longo da história e marcados por características específicas. A palavra teologia vem do grego *theos* = Deus; *logos* = estudo, ciência, palavra. Assim como o termo *teodiceia* pressupõe o estudo da divindade pautado na racionalidade e o vocábulo *teosofia* designa o conhecimento de Deus por meio da especulação mística filosófica, a teologia ampara-se no discurso humano sobre Deus como uma ciência (Libânio; Murad, 2005).

Síntese

Ao final de cada capítulo, relacionamos as principais informações nele abordadas a fim de que você avalie as conclusões a que chegou, confirmando-as ou redefinindo-as.

Atividades de autoavaliação

Apresentamos estas questões objetivas para que você verifique o grau de assimilação dos conceitos examinados, motivando-se a progredir em seus estudos.

Atividades de aprendizagem

Aqui apresentamos questões que aproximam conhecimentos teóricos e práticos a fim de que você analise criticamente determinado assunto.

Bibliografia comentada

Nesta seção, comentamos algumas obras de referência para estudo dos temas examinados ao longo do livro.

1
Conceitos de teologia

O ponto de partida para estudarmos a cientificidade da teologia consiste no conhecimento dos conceitos de teologia desenvolvidos ao longo da história e marcados por características específicas. A palavra *teologia* vem do grego *theos* = Deus; *Logos* = estudo, ciência, palavra. Assim como o termo *teodiceia* pressupõe o estudo da divindade pautado na racionalidade e o vocábulo *teosofia* designa o conhecimento de Deus por meio da especulação mística filosófica, a teologia ampara-se no discurso humano sobre Deus como uma ciência (Libânio; Murad, 2003).

Os séculos precedentes ao cristianismo encerram a teologia dentro de outros contextos culturais e religiosos diferentes do cristão. Para Platão, o termo *teologia* designava o discurso sobre Deus ou os deuses associados às narrações mitológicas do mundo greco-romano. Para Aristóteles, a teologia compreendia um conhecimento específico de caráter filosófico voltado às causas necessárias e eternas, correspondendo ao que hoje entendemos por *metafísica* ou *ontologia* (Libânio; Murad, 2003). Sob a influência da obra de Eusébio de Cesareia (260 d.C.-340 d.C.), a palavra *teologia* passou a ser utilizada largamente pelos cristãos, compreendendo a sistematização do conteúdo da fé cristã. Na escolástica, outras expressões são utilizadas, como *doutrina cristã*, *sagrada doutrina* e *doutrina divina*, para designar a teologia sistemática ou dogmática.

Na modernidade e na contemporaneidade, a teologia alargou sua abrangência e ganha variadas ramificações que a definem em determinadas especificidades, também denominadas *genitivos* ou *enfoques teológicos*, como as teologias mística, moral, apologética e pastoral. Segundo Libânio e Murad (2003, p. 250), "chamamos de 'enfoque teológico' a perspectiva, o ponto de vista global, a ótica dominante que orienta o trabalho do teólogo. Por ser enfoque, altera a própria mediação hermenêutica da teologia, enriquecendo a interpretação da Bíblia e da Tradição".

Neste capítulo, você conhecerá o conceito clássico da teologia e os conceitos teológicos patrístico, escolástico, moderno e contemporâneo, e compreenderá as semelhanças e diferenças entre eles no percurso histórico eclesial, bem como apreenderá seu significado etimológico e semântico. Eles fornecem as bases do conceito teológico no percurso da história e na atualidade.

1.1 Conceito clássico

O conceito clássico da teologia consiste em compreender e aprofundar as verdades reveladas à luz da razão iluminada pela fé. Cabe sempre recordarmos: o ponto distintivo da teologia em relação às demais ciências incide no princípio da Revelação, como iniciativa da autocomunicação de Deus a nós, cujo cume está na encarnação do Verbo (Jo 1,14). A Revelação é compreendida para além de um discurso teórico, mas, como afirma a constituição dogmática *Dei Verbum* (1965, n. 2), por meio de acontecimentos e palavras integrados entre si, Deus se revela e dá a conhecer o Mistério da sua vontade a respeito do ser humano e de toda a criação:

> A palavra eterna que se exprime de modo insuperável na criação e comunicada na história da salvação, tornou-se em Cristo um homem, "nascido de mulher" (Gl 4,4,). Aqui a palavra não se exprime primariamente num discurso, em conceitos ou regras; mas vemo-nos colocados diante da própria pessoa de Jesus. A sua história, única e singular, é a palavra definitiva que Deus diz à humanidade. [...]. Trata-se de uma novidade inaudita e humanamente inconcebível: "O Verbo de Deus se fez carne e habitou entre nós" (Jo 1,14). (VD, 2010, n. 11)

O conhecimento teológico não é obtido com base em um texto vazio e abstrato, mas confere o conteúdo da fé por excelência: Jesus Cristo, a Revelação do Pai. Nele está a fonte teórica da reflexão teológica, assim como sua finalidade prática. Por essa razão, o teólogo diante de seu objeto de estudo, que é o próprio Deus, deve ter em mente que esse objeto não é manipulável, nem uma coisa estática e sem vida, pois é Ele, o Deus vivo, que se dá a conhecer por meio de Sua Revelação. Esse é um aspecto determinante para a qualidade do discurso teológico. Portanto, faz-se teologia sempre que se reflete algo à luz da fé ou da Revelação (Boff, 2014).

O ensinamento clássico da teologia supõe o princípio dinâmico apresentado por Santo Agostinho: *Intellige ut credas, crede ut intelligas*, ou seja, "Compreende para crer e crê para compreender" (Agostinho, 1980, p. 18). Em outras palavras: no universo laborioso da teologia, o intelecto move a fé e esta move o intelecto. Essa é a compreensão clássica da teologia cristã, que implica o movimento distinto e dinâmico entre fé e razão, sem exclusão de uma por outra ou sem diluição de uma pela outra.

Esse paradigma clássico da teologia pressupõe um conceito de racionalidade diferente da concepção iluminista, que se impôs na modernidade ocidental e predomina na cosmovisão atual. A cosmovisão clássica é ontológica, ou seja, desemboca na mística do ser. Segundo Girardi (2018), o conceito de mística, dessa perspectiva, não é apenas eflúvio de sentimento e emoção, mas é compreendido como "o vigor da especulação, o coração do intelecto, é a suprema homenagem e supremo louvor da humanidade no seu esforço amoroso em compreender, em intuir, face a face, a fonte do Ser; é o *Itinerarium mentis in Deum*"[1].

O desafio atual consiste em superar dois extremos decorrentes de uma visão dualista: o materialismo científico, que começa com a ciência, mas se encerra em uma ampla afirmação filosófica; e o fundamentalismo bíblico, que parte da teologia, mas se finda em afirmações a respeito de assuntos científicos. Assim, equivocadamente, cada um entra em um campo que não lhe pertence e tenta dar explicações a respeito daquilo que não lhe compete. No materialismo científico, a ciência absorve a religião; no fundamentalismo bíblico, a religião absorve a

---

[1] Conteúdo de aula extraído do texto "Traços fundamentais de uma ontologia medieval", na disciplina de Filosofia Medieval do curso de Filosofia da Faculdade Bagozzi, ministrada por Dennys Robson Girardi, em 9 ago. 2018 (Girardi, 2018).

ciência (Sanches, 2009). Todavia, existem modos complementares de abordar e descrever a realidade. Presumir que tudo possa ser explicado pela ciência empírica ou absolutizar qualquer outra área de conhecimento é esvaziar a riqueza do conhecimento humano e sua variada abordagem, pois a ciência não pode explicar tudo.

A teologia cristã pressupõe a fé em um Deus que assume integralmente a condição existencial humana. Ideias meramente especulativas sobre Deus ou uma espiritualidade alienante ao ser criado não abraçam o fundamento teológico cristão. Na teologia clássica, cunhada no período escolástico, explicava-se a vinda do *Logos*[2] ao mundo por causa do pecado de Adão, sem o qual não teria acontecido o Mistério pascal. A doutrina do pecado original cumpre a função de tornar presente a necessidade para todo ser humano relacionada ao dom gratuito de Cristo e de sua capacidade absoluta para adquirir autonomamente a salvação. Entretanto, o principal motivo a reconsiderar a teologia do pecado original encontra-se na própria significação desse pecado, no único desígnio salvífico da história, como nos é revelado em Jesus Cristo. Assim, a humanidade é, desde toda a eternidade, criada por Deus em vista de seu Filho unigênito, que salva e recapitula toda a criação (Ef 1,1-14).

1.2 Conceito patrístico

A patrística é a ciência que estuda o legado dos Padres da Igreja, ou seja, o conteúdo herdado dos primeiros pais da Igreja por meio de escritos em forma de homilias, cartas, reflexões e registros produzidos

---

[2] *Logos* é um termo grego que significa "palavra, verbo". Para os cristãos, significa Jesus Cristo, o Verbo que se fez carne (Jo 1,14). O termo foi refletido pelos filósofos gregos e judeus, assimilado na teologia joanina e depois trabalhado pelos padres gregos e latinos.

nos primórdios da instituição. Por outro lado, no ambiente eclesiástico, essas figuras destacam-se também por oferecer um legado literário de toda a Antiguidade:

> Além de sua importância no ambiente eclesiástico, os Padres da Igreja ocupam lugar proeminente na literatura e, particularmente, na literatura greco-romana. São eles os últimos representantes da Antiguidade, cuja arte literária, não raras vezes, brilha nitidamente em suas obras, tendo influenciado todas as literaturas posteriores. Formados pelos melhores mestres da Antiguidade clássica, põem suas palavras e seus escritos a serviço do pensamento cristão. Se excetuarmos algumas obras retóricas de caráter apologético, oratório ou apuradamente epistolar, os Padres, por certo, não queriam ser, em primeira linha, literatos, e sim, arautos da doutrina e moral cristãs. (Padres Apostólicos, 1997, p. 10)

Os termos *patrologia* e *patrística* apresentam significados próximos, mas distinguem-se pelo seguinte: "a patrística ocupa-se do pensamento teológico dos Padres" e "a patrologia tem por objeto a vida e os escritos dos mesmos". Portanto, a patrística apresenta um carácter doutrinal e, portanto, teológico; a patrologia, por outro lado, projeta-se mais no contexto da indagação histórica e da informação bibliográfica e literária. Assim, o termo "Padre ou Pai da Igreja se refere ao escritor leigo, padre ou bispo, da Antiguidade cristã, considerado pela Tradição posterior como testemunho particularmente autorizado da fé" (Pacheco, 2014, p. 46).

A expressão *teologia patrística* surgiu no século XVII para indicar o conjunto da doutrina dos Padres da Igreja, distinguindo-a das teologias bíblica e escolástica. O período histórico da Antiguidade cristã é diferenciado no Ocidente (que vai até Santo Isidoro de Sevilha – 560-636), e no Oriente (que vai até São João Damasceno – 675-749):

> Os "Pais da Igreja" são, portanto, aqueles que, ao longo dos sete primeiros séculos, foram forjando, construindo e defendendo a

fé, a liturgia, a disciplina, os costumes e os dogmas cristãos, decidindo, assim, os rumos da Igreja. Seus textos se tornaram fontes de discussões, de inspirações, de referências obrigatórias ao longo de toda Tradição posterior. (Pacheco, 2014, p. 47)

Daí a importância histórica e doutrinal dessas produções para a teologia cristã como um todo. Muitos de seus autores teceram suas reflexões costurando os elementos fundamentais da fé hebraico-cristã com a filosofia grega. Uma tessitura resultante do diálogo profundo e dinâmico que o cristianismo desenvolveu com o mundo presente:

> No acolhimento da "sabedoria das nações", na leitura hermenêutica da Revelação à luz das correntes filosóficas mais significativas, numa lúcida atenção aos sinais dos tempos, lança os fundamentos e a estrutura de uma metafísica que se projetará no pensamento medieval e nos séculos futuros. Poderá dizer-se que os esquemas conceituais são gregos, como não podia deixar de ser, mas transmutados por uma nova inspiração, que fecunda a riqueza dessa diversidade complexa e lhe dá uma nova vida. (Pacheco, 2014, p. 49)

Para entendermos a teologia patrística, é importante considerar que há uma gama de estilos e gêneros literários presentes nas diversas obras escritas da época, em contextos variados, como o ambiente litúrgico, os combates contra as heresias e as orientações pessoais e comunitárias em forma de cartas, sermões e exortações. Destacam-se também, com relação aos Padres da Igreja, as muitas e longas citações ou transcrições de textos bíblicos, denotando as Sagradas Escrituras como fonte e centro de suas reflexões teológicas.

Há dois métodos relevantes provenientes do período patrístico, cada um deles vindo de uma escola teológica, sendo a de Alexandria e Antioquia. Ambas imprimiram traços característicos distintos uma da outra e marcaram o conteúdo teológico da época. A escola de Alexandria destacava-se pela investigação metafísica do conteúdo da fé, tendo como estrutura filosófica o pensamento platônico e o método alegórico das Sagradas Escrituras, anteriormente utilizadas na interpretação de mitos e fábulas dos deuses presentes nas obras de Homero e Hesíodo. Entre os pensadores cristãos alexandrinos, são grandes expoentes Orígenes, Clemente, Atanásio e Dionísio. Por sua vez, a escola de Antioquia foi reconhecida por sua investigação histórica e gramatical do conteúdo da fé; tendo como base filosófica o pensamento aristotélico, utilizava o método literal de interpretação da Sagrada Escritura. Seus discípulos rejeitavam o método alegórico dos alexandrinos, que para eles corria o risco de um misticismo mitológico, e defendiam o realismo e a leitura literal dos textos bíblicos.

Embora as correntes teológicas entre as duas escolas fossem diferentes, havia uma base fundamental comum, da qual irradiava uma profícua reflexão sobre a teologia. Outra linha de pensamento teológico patrístico se deu com os padres capadócios Gregório de Nissa, Gregório de Nazianzo e Basílio Magno, que contribuíram significativamente nos primeiros grandes concílios ecumênicos da Igreja: Niceia (325 d.C.), Constantinopla (381 d.C.), Éfeso (431 d.C.) e Calcedônia (451 d.C.).

1.3 Conceito escolástico

O conceito teológico escolástico marcou profundamente o Ocidente cristão. A teologia escolástica não é um termo que abranja a teologia de todo o período medieval. De acordo com Comblin (1969, p. 6), "a teologia escolástica assim definida pode ser também chamada de clássica, porque é o núcleo dos estudos teológicos, o ramo principal dos estudos eclesiásticos". Considerando as fases de gestação e declínio, esse período diz respeito a quase um milênio de história:

A teologia escolástica medieval atravessou praticamente oito séculos, marcando ainda presença durante a Idade Moderna. Este grande paradigma teológico divide-se em três fases: a transição e gestação da dialética, a grande escolástica e a escolástica tardia. Embora a teologia medieval, ao seguir Agostinho, se mova inicialmente no horizonte filosófico neoplatônico, ela cede lugar a Aristóteles, confeccionando nova síntese. (Libânio; Murad, 2003, p. 127)

A teologia escolástica tem origem nas escolas monásticas, cujo objetivo era apresentar a ciência sagrada como fundamento de toda a ciência e verdade. Os mestres, em sua maioria, eram clérigos e buscavam conciliar a fé e a razão por meio do sistema filosófico grego de Platão e, sobretudo, de Aristóteles. Para Lohr (citado por Eicher, 2005, p. 917), "a ciência medieval era e permaneceu sendo exegese". Em outras palavras, na Revelação bíblica, a visão simbólica da criação explicaria sabiamente todas as questões do mundo.

Entre o fim do século XI e o início do século XII, surgiram novas cidades e novas formas de vida religiosa, como as ordens mendicantes de franciscanos e dominicanos, a vida monástica estava, assim, marcada por novidades, como o surgimento dos premonstratenses e cistercienses, o que trouxe uma renovação espiritual e cultural para a Igreja e a sociedade. Consequentemente, o perfil do mestre passou por transformações significativas. O mestre, "ao contrário dos seus predecessores, não escrevia para o mosteiro e sim para a cidade, onde se encontravam homens de línguas diferentes e fé diferente, escrevia não somente para a *meditatio*, mas também para ensinar: *instruere, docere*" (Lohr, citado por Eicher, 2005, p. 918).

Nesse contexto, cresceram os conteúdos textuais e suas fontes, tornando-se necessária, didaticamente, sua compilação sistemática. Outra questão que aflorou foram as divergências e a multiplicidade de textos em torno de temas. O método dialético de concordância buscava a integração ou a harmonização dos conteúdos pesquisados, organizando-os sistematicamente por blocos de temas da doutrina cristã. Nesse sentido, destacamos Pedro Lombardo, ao apresentar de forma organizada, em suas sentenças, os textos bíblicos e patrísticos, situados em títulos como Trindade, criação, salvação, sacramento etc. Contudo, a teologia medieval não se resumia apenas a compilar a variedade de sentenças em torno de um tema, mas também expunha sistematicamente o conteúdo refletido utilizando os recursos da dialética e do raciocínio dedutivo:

> Este ideal entende como científico somente o procedimento que deduz os seus conhecimentos de princípios superiores mediante raciocínio estrito e dedutivo. Nesta época, as diversas artes *liberales*, que no decorrer do surgimento das cidades encontraram crescente atenção, ocupavam-se em demonstrar os seus princípios de base. [...]. Gilberto tentou, a exemplo destas disciplinas, esboçar *regula* e para a teologia com o fito de assim fazer valer a sacra *doctrina* como ciência em sentido estrito. (Lohr, citado por Eicher, 2005, p. 919)

Apoiando-se dialeticamente na relação entre fé e razão, Anselmo de Cantuária (1033-1109), considerado o pai da escolástica, desenvolveu uma metodologia teológica que retrata o pensamento medieval escolástico: *fides quaerens intellectum*, ou seja, "a fé em busca da inteligência". De fato, o religioso retomou o pensamento agostiniano segundo o qual a fé deve compreender o que professa, mas "leva-a mais longe, para se situar num ponto intermediário, entre a inteligência patrística da fé e a razão (*ratio*) escolástica. Dá-lhe um espaço novo, procurando provar a fé por razões necessárias" (Sesboüé, 2006, p. 77). Nesse período, surgiram as universidades, que reúnem e ao mesmo tempo distinguem os conhecimentos da época. De acordo com Sesboüé (2006), inicialmente as disciplinas principais eram teologia, direito, medicina e a filosofia, denominada *artes liberais* e que se estabelecia como matéria propedêutica de todas as outras e dava à teologia a coroa de rainha de todas as ciências.

O século XIII marca o desenvolvimento do conceito medieval de ciência e da teologia como ciência. Diante do vasto material disponível, o desafio dos mestres da época não era de se ocuparem demasiadamente com novas descobertas, e sim de apresentarem o conhecimento a seus discípulos de maneira excepcionalmente inteligível. Metodologicamente, os teólogos adotaram o princípio hermenêutico dos axiomas na geometria, compreendendo "os artigos de fé como os princípios de uma apresentação científica da teologia" (Lohr, citado por Eicher, 2005, p. 921). A *status quaestionis* era uma metodologia de estudo e exposição dos textos desenvolvida por grandes teólogos como Boécio e Pedro Abelardo. Mas foi com Santo Tomás de Aquino que a *quaestio* se destacou como recurso metodológico em seus artigos, decompondo os diversos aspectos de uma pergunta e expondo seus prós e contras:

> Expondo assim o *status quaestionis*, o mestre apresenta sua solução pessoal ou "determinação" ou "conclusão", na parte principal do artigo. Trata-se de uma exposição de base racional, porque submete a solução do problema a princípios gerais, teológicos ou filosóficos, a causas, a distinções lógicas ou gramaticais ou a analogias. Na parte final, o mestre responde aos argumentos contrários, transformados em objeções à sua própria tese, fazendo, em geral, alguma distinção para respeitar a parcela de verdade contida no pensamento do outro. (Sesboüé, 2006, p. 75)

Contudo, a teologia viu-se desafiada diante do crescimento das ciências ditas profanas e o século XIV foi marcado por resistências na forma de atitudes de controle, vigilância e punição. Esse período é conhecido como *baixa escolástica* justamente por ela encontrar-se em declínio.

1.4 Conceito moderno

O processo de ruptura e transformação do pensamento medieval para o moderno atravessou os séculos XIV e XV no Ocidente. A Idade Moderna chegou como um grande navio trazendo uma gama de novas realidades que se chocaram com a visão teocêntrica do medievo: o sistema capitalista, o livre-comércio das navegações, o pensamento nacionalista dos países europeus, as descobertas do Novo Mundo, o humanismo renascentista, o laicismo e a secularização[3]. O clima social refletia também no ambiente religioso com a Reforma Protestante, no século XVI, na Alemanha, liderada por Martinho Lutero.

A Contrarreforma católica foi uma reação à avalanche que se lançava sobre a Igreja. O Concílio de Trento (1545-1563) retrata esse contexto de reação em seus documentos, focando nos conceitos de fé, heresia e dogma. Como resposta à *Sola Scriptura* de Lutero, Trento coloca o Evangelho como tema central da Igreja, fonte de toda a verdade e de todo agir moral:

> Esse Evangelho será chamado de Revelação pelos teólogos posteriores. É mais que a fé ou a doutrina da fé, no sentido dessas palavras em Trento. É um Evangelho formalmente distinto da Escritura e dos evangelhos escritos. Trata-se da Palavra de Deus, da mensagem da salvação, do Evangelho vivo e espiritual. O concílio segue uma antiga Tradição que remonta a Orígenes, quando este comentava a passagem em que Paulo fala do "seu Evangelho" (Rm 2,16). [...]. Da mesma forma, porque veio e realizou a encarnação do Evangelho, o Salvador, pelo Evangelho, tudo transformou em Evangelho. (Sesboüé, 2006, p. 122)

---

[3] A secularização é, "por um lado, a transição dos regimes da cristandade para os da modernidade religiosa; por outro, a permanente recriação das identidades religiosas que essa passagem colocou em movimento" (Di Stefano, 2011, p. 4).

Roberto Belarmino (1541-1621) destacou-se como o teólogo da eclesiologia tridentina, sendo aquele que estruturou o catecismo romano e apresentou sistematicamente as definições dogmáticas e morais da doutrina católica. Outro grande teólogo foi Melchior Cano (1509-1560), que desenvolveu o conceito de *lugares teológicos* e promoveu uma mudança metodológica e objetiva da teologia. Segundo Sesboüé (2006, p. 143), "a preocupação de Cano não é de ordem apologética nem com o que depois se chamará de teologia fundamental". Esses lugares eram apontados por ele como referências de autoridade para a comprovação dogmática da fé cristã.

O clima defensivo e combatente da Igreja cresceu nos séculos XVIII e XIX, sob a atmosfera de uma série de transformações sociais, como a Revolução Industrial, a Revolução Francesa, a consolidação do capitalismo, o Iluminismo e a irrupção de movimentos sociais com novas ideias filosóficas, distintas das dos filósofos gregos. Do ponto de vista político, há dois projetos de peso: "a formação dos Estados e a reivindicação da autoridade do poder público sobre a Igreja" (Sesboüé, 2006, p. 149).

Entre o Concílio de Trento e o Concílio Vaticano I, decorreram três séculos de modernidade sem que a Igreja se reunisse em assembleias conciliares. Assim, a doutrina tridentina prevaleceu como posição eclesial por todo esse período de transformações sociais, culturais e religiosas. O Concílio Vaticano I (1869-1870), reconhecendo que a fé era afrontada em seus fundamentos, defendeu que cabia à teologia fundamental posicionar-se mais claramente perante o mundo moderno. Por isso, o evento teve como resultado duas constituições, ou seja, dois textos oficiais: a *Dei Filius*, que trata da fé católica, com seus princípios fundamentais; e a *Pastor Aeternus*, primeira constituição dogmática sobre a Igreja, a qual desenvolve a doutrina da infalibilidade papal (Sesboüé, 2006).

O Concílio Vaticano I, *grosso modo*, apresenta uma teologia neoescolástica, baseada no sistema aristotélico-tomista, de retomada da cristandade medieval, resistindo, dessa forma, a estabelecer um diálogo com o mundo que a afrontava e desafiava seus valores e seu poder religioso. Essa posição da Igreja repercutiu em uma grande rejeição por parte de grupos dominantes na sociedade da época e aumentou o distanciamento e o fechamento recíproco, rompendo a possibilidade de abertura e diálogo por ambas as partes.

Nesse período, a modernidade pensava, via e agia com a razão iluminista, que venceu as trevas do período medieval, caracterizando-se por um saber autonomamente crítico e instrumental. Todavia, para não rotularmos ingenuamente períodos tão densos e ambíguos por sua condição histórica, devemos superar essa classificação simplista. Por isso, Boff (2014) observa, a respeito da razão iluminista, que, "sendo no fundo uma razão de poder, necessita ela mesma de crítica e de superação, partindo da interrogação metafísica sobre a essência da verdade" (Boff, 2014, p. 145).

1.5 Conceito contemporâneo

Os séculos XIX e XX foram marcados por transformações sociais, econômicas e culturais às quais o universo religioso não ficou imune. Do Papa Pio XII ao Papa João XXIII, houve um movimento de abertura de diálogo entre a Igreja e o mundo. Após o Concílio Vaticano I, a chamada *crise do modernismo* impactou também na Igreja, trazendo tensões e, ao mesmo tempo, abrindo perspectivas para um futuro próspero, como relata Sesboüé (2006, p. 283):

> O "reenquadramento" das decisões do Vaticano I em outra perspectiva passou por uma série de crises. A primeira delas foi a "crise do modernismo". Latente por certo tempo, ela vem à luz, a partir de 1893, primeiro como "questão bíblica", atingindo rapidamente

o ponto mais sensível do "edifício doutrinal" do Vaticano I, ou seja, a relação da Igreja com o Evangelho. Esse questionamento acarretará frutos promissores, para além de outras crises anunciadas.

Saindo da visão científica estática do conhecimento moderno, o conceito de hermenêutica, desenvolvido por Schleiermacher (1768-1834), influenciou na compreensão do sentido do texto como recurso metodológico da ciência bíblica, histórica e dogmática. Assim, a teologia passou a buscar novos ares de renovação por meio da retomada de suas fontes históricas bíblicas, patrísticas e da escolástica clássica. Essa busca não foi linear nem uniforme, pois também passou por tensões teológicas e eclesiais, tanto internas, entre os membros da Igreja Católica, como externas, com a perspectiva teológica luterana e a filosofia da época. Nesses embates, o novo foi sendo fecundado para robustecer a Igreja no mundo atual.

Libânio e Murad (2003) destacam duas grandes escolas teológicas influentes nas transformações ocorridas: a escola de Tübingen, na Alemanha, que resgatou as fontes bíblicas e patrísticas em seus estudos, assim como da grande escolástica; e o Colégio Romano, que despontou em meio às tensas restrições da época, fazendo um estudo sério dos Padres da Igreja e das línguas antigas, servindo-se das críticas textuais e das descobertas arqueológicas. Há também um forte crescimento entre institutos e revistas, assim como uma renovação da prática pastoral, assumida por grandes teólogos da época, que contribuirão na gestação do Concílio Vaticano II.

Em 25 de janeiro de 1959, na festa da conversão de São Paulo apóstolo, o Papa João XXIII anunciou, inesperadamente, após três meses de sua eleição papal, a convocação de um concílio ecumênico, o que provocou entusiasmo por parte da maioria dos católicos e resistência por parte de alguns que temiam o navegar da Igreja pelas águas turbulentas da crise. Após os três anos de laboriosa preparação e organização pelas comissões e secretarias, foi realizado o Concílio Vaticano II (1962-1965), sob a ideia viva de um novo Pentecostes para toda a Igreja. Em 11 de outubro de 1962, o discurso de abertura proferido pelo Papa João XXIII deixou claro seu propósito sapiencial sobre a Igreja, o mundo e a humanidade: "que o depósito sagrado da doutrina cristã seja guardado e ensinado de forma mais eficaz". E acrescentou:

> Iluminada pela luz deste concílio, a Igreja, como esperamos confiadamente, engrandecerá em riquezas espirituais e, recebendo a força de novas energias, olhará intrépida para o futuro. Na verdade, com atualizações oportunas e com a prudente coordenação da colaboração mútua, a Igreja conseguirá que os homens, as famílias e os povos voltem realmente a alma para as coisas celestiais. (João XXIII, 1962)

O Papa João XXIII, portanto, pensou o concílio como uma salutar perspectiva para a Igreja e para toda a humanidade, superando uma visão unicamente pessimista perante as transformações do mundo, e procurou ler a realidade e interpretá-la à luz do Espírito Santo com viva esperança:

> Para levar a cabo esta missão, é dever da Igreja investigar a todo o momento os sinais dos tempos, e interpretá-los à luz do Evangelho; para que assim possa responder, de modo adaptado em cada geração, às eternas perguntas dos homens acerca do sentido da vida presente e da futura, e da relação entre ambas. É, por isso, necessário conhecer e compreender o mundo em que vivemos, as suas esperanças e aspirações, e o seu carácter tantas vezes dramático. (GS, 1965, n. 4)

Kloppenburg, na introdução do Compêndio do Concílio Vaticano II (1969), sintetiza as quatro condições estabelecidas para que o concílio alcançasse seu objetivo primordial. São elas: quanto à apresentação doutrinária, que fosse revivificada nas fontes da fé; quanto à expressão e formulação, que fosse de acessível compreensão, com uma linguagem simples e clara, capaz de ser assimilada pela mentalidade atual; quanto à extensão, que conseguisse expandir-se aos problemas reais do ser humano moderno; e, em relação à finalidade, que fosse de fato missionária e voltada ao cuidado apostólico e pastoral de evangelização.

Assim, a teologia contemporânea pós-conciliar foi marcada por uma pluralidade de características, que descendem de matrizes filosóficas diferentes. No entanto, alguns aspectos são comuns e a definem em seus contornos mais salientes de forma e conteúdo:

> Na evolução interna da teologia exprime-se o deslocamento da transcendência para a encarnação, da infinitude para a finitude, da vida interna de Deus para o agir de Deus na história. Até então a teologia, fazendo jus a seu próprio nome, restringia-se basicamente à esfera da transcendência, que, de sua altura, enviava sua luz sobre as realidades terrestres. O movimento vinha de cima e descobre-se com enorme vigor o Mistério da Encarnação, com acento na humanidade bem humana do Verbo feito carne. O processo inverte-se, portanto. (Libânio; Murad, 2003, p. 149)

Essa inversão aparece nos ensaios e tratados teológicos que partem não apenas de uma visão do "alto", mas também de um olhar encarnado na história, e que considera a própria realidade circundante. Dessa forma, compreende-se que "o teólogo é, simultaneamente, objeto (ele tem fé) e sujeito teológico (busca compreender sua fé), isto é, em ambos os casos, o sujeito de conhecimento é o homem" (Rossi; Vieira, citados por Sanches, 2009, p. 14). No entanto, **não** se trata dele em si mesmo, mas em sua fé, ou seja, em sua relação com Deus.

Síntese

Neste capítulo, vimos que a apreensão do objeto da teologia nunca é total. Quem ousa contê-lo inteiramente em suas especulações intelectuais fará a experiência de ver o Mistério escapar-se pelos dedos, como no episódio de Santo Agostinho e o menino da praia, que tenta encher um buraco na areia com toda a água da praia (Papini, citado por Nunes, 1975, p. 157). O bispo de Hipona dá-se conta, ao observar a tarefa do menino, de que "compreender" Deus como se pudéssemos contê-lo em sua totalidade é uma pretensão equivocada do que seja estudar teologia. Boff (2015) lembra-nos de interrogar:

> Ora, qual é o objeto próprio da teologia cristã? É idealmente o "Deus vivo e verdadeiro" (1Ts 1,9). É, mais concretamente, o Deus de Jesus Cristo, o Deus salvador. Portanto, o discurso teológico deve-se medir por esse objeto, tal como ele se apresenta: o Deus revelado como amor. Por conseguinte, a teologia terá que produzir um conhecimento que corresponda àquele objeto. Será, pois, um conhecimento "vivo e verdadeiro". (Boff, 2015, p. 116)

Esse princípio diz que, no processo do conhecimento, o objeto tem o primado sobre o sujeito. É a própria realidade que ensina ao homem. Para isso, ele precisa estar disposto a aprender. É a "docilidade ao real". Não que o homem permaneça diante da realidade como um aluno passivo. Antes, ele traz consigo toda sorte de interrogações na forma de preocupações, desejos e suspeitas. Só assim ele poderá assimilar as lições das coisas. No aprendizado há, pois, uma dialética, na qual o objeto só ensina enquanto é interrogado. Isso vale também para a teologia (Boff, 2015, p. 115).

Santo Tomás de Aquino, consciente do limite desse saber e da transcendência divina, confessou ao final de sua vida, em experiência mística: "Comparado ao que vi, tudo o que escrevi me parece palha" (2001, p. 29). Quem conhece e estuda todo o cabedal teológico e filosófico de Santo Tomás de Aquino sabe que objetivamente sua percepção possa estar equivocada ao final da vida ou até pode soar falsa modéstia. No entanto, trata-se de uma consciência especificamente reta em relação aos limites do conhecimento humano e a dimensão incomensurável das coisas de Deus.

Atividades de autoavaliação

1. O termo *teologia* era conhecido alguns séculos antes do surgimento do cristianismo e, para Platão, designava o discurso sobre Deus ou deuses, ainda associado às narrações mitológicas do mundo greco-romano. *Teologia* difere-se de outros termos como *teodiceia* e *teosofia*. Sob a influência de Eusébio de Cesareia, o termo *teologia* passou a ser utilizado largamente pelos cristãos, compreendendo:
   a) o conhecimento de Deus por meio da especulação mística filosófica.
   b) a sistematização do conteúdo da fé cristã.
   c) o estudo da divindade pautado na racionalidade.
   d) a ciência que estuda o grande legado dos Padres da Igreja, ou seja, o rico conteúdo herdado dessas grandes personalidades.
   e) um conhecimento específico de caráter filosófico voltado às causas necessárias e eternas, correspondendo ao que hoje entendemos por *metafísica* ou *ontologia*.

2. É possível perceber a evolução do conceito cristão de teologia, bem como de seus métodos, e no decorrer do capítulo apresentamos suas diferentes abordagens conceituais (clássica, patrística, escolástica, moderna e contemporânea). Analise as afirmações a seguir no que se refere à conceituação clássica e patrística:
   I. Jesus Cristo, a Revelação do Pai, é o conteúdo da fé por excelência. Portanto, o teólogo se debruça sobre essa verdade revelada e a reflete à luz da fé.
   II. O conceito clássico da teologia consiste na aceitação do ser humano de sua incompreensão e incapacidade de aprofundar-se, à luz da razão, nas verdades reveladas.
   III. Santo Agostinho, um homem muito além de seu tempo, ao conceber o princípio dinâmico de "compreender para crer e crer

para compreender", lançou as bases da compreensão clássica da teologia cristã.

IV. Os Pais da Igreja, com suas inúmeras reflexões, contribuíram para a construção da teologia patrística. Seus inúmeros escritos, em variados gêneros, costuraram elementos fundamentais da fé hebraico-cristã, tendo por base a filosofa grega, e tornaram-se um rico patrimônio histórico, cultural e teológico.

V. No período patrístico, as duas escolas teológicas que se destacaram, alexandrina e antioquena, não apresentavam diferenças significativas. Ambas dedicavam-se à investigação metafísica, histórica e gramatical do conteúdo da fé, misturando elementos filosóficos platônicos e aristotélicos e o método alegórico e literal de interpretação das Sagradas Escrituras.

Assinale a alternativa correta:
a) Apenas as afirmativas I e V estão corretas.
b) Apenas as afirmativas I e II estão corretas.
c) Apenas as afirmativas I, III e IV estão corretas.
d) Apenas as afirmativas III e V estão corretas.
e) Todas as afirmativas estão corretas.

3. O grande período de influência do conceito teológico escolástico, quase um milênio, denotou sua importância durante a cristandade. Apesar de associado a um momento histórico chamado por muitos autores, erroneamente, de *Idade das Trevas*, estudos recentes apontam que esse foi um período fecundo que, como em qualquer outro momento histórico, foi marcado por altos e baixos. Em relação à teologia escolástica, indique se as afirmações a seguir são verdadeiras (V) ou falsas (F):

( ) Essa teologia, em suas origens, não teve qualquer relação com as escolas monásticas, nas quais era apresentada a ciência sagrada como fundamento de toda a ciência e verdade.

( ) A teologia escolástica pode ser datada em um período com início e fim precisamente determinados e considerada pela sua total coesão.

( ) Foi no berço da teologia escolástica que surgiram as primeiras universidades, tendo inicialmente por disciplinas principais a Teologia, o Direito, a Medicina e a Filosofia.

( ) Destaca-se a grande produção literária do período e o início de uma maior sistematização dos diversos conteúdos.

Assinale a alternativa que representa a sequência correta:
a) F, V, F, V.
b) F, F, V, V.
c) F, V, V, F.
d) V, F, V, V.
e) V, V, V, V.

4. O choque cultural provocado pelo início dos tempos modernos e o abalo sofrido com a Reforma Protestante, no século XVI, tendo como exponente o monge agostiniano Martinho Lutero, levaram a Igreja Católica a se posicionar. A postura adotada moldou, em certa medida, a teologia dos séculos seguintes. O evento responsável por essa tentativa de conservar todo o edifício dogmático construído anteriormente foi:
a) Concílio Vaticano II.
b) Concílio Vaticano I.
c) Concílio de Trento.
d) Concílio de Constantinopla.
e) Concílio de Calcedônia.

5. Pode-se considerar o Concílio Vaticano II (1962-1965) um fruto amadurecido do pensamento da escola de Tübingen, do Colégio Romano e de outras escolas e teólogos que contribuíram para a

revisão, reformulação e mudança das posturas teológica e pastoral. Um idoso e simpático italiano, depois de três meses eleito papa, tendo ouvido os apelos desses movimentos, convocou esse importante concílio, que novamente colocou a Igreja Católica em diálogo com as realidades socioculturais de seu tempo. Trata-se do papa:

a) João Paulo II (Karol Józef Wojtyła).
b) João Paulo I (Albino Luciani).
c) Paulo VI (Giovanni Battista Enrico Antonio Maria Montini).
d) João XXIII (Angelo Giuseppe Roncalli).
e) Pio XII (Eugenio Maria Giuseppe Giovanni Pacelli).

Atividades de aprendizagem

Questões para reflexão

1. Os desafios de uma sociedade em processo de secularização e, em alguns ambientes, de pós-secularização (Habermas, 2010) impõem aos teólogos o desafio de formular uma teologia pública, isto é, capaz de dialogar e contribuir de algum modo para as esferas públicas da sociedade. Com base no estudo deste capítulo, relacione os trechos a seguir:

Texto 1

> Iluminada pela luz deste Concílio, a Igreja, como esperamos confiadamente, engrandecerá em riquezas espirituais e, recebendo a força de novas energias, olhará intrépida para o futuro. Na verdade, com atualizações oportunas e com a prudente coordenação da colaboração mútua, a Igreja conseguirá que os homens, as famílias e os povos voltem realmente a alma para as coisas celestiais.
>
> O que mais importa ao Concílio Ecumênico é o seguinte: que o depósito sagrado da doutrina cristã seja guardado e ensinado de forma mais eficaz.

A finalidade principal deste concílio não é, portanto, a discussão de um ou outro tema da doutrina fundamental da Igreja, repetindo e proclamando o ensino dos padres e dos teólogos antigos e modernos, que se supõe sempre bem presente e familiar ao nosso espírito.

Para isto, não havia necessidade de um concílio. [...] o espírito cristão, católico e apostólico do mundo inteiro espera um progresso na penetração doutrinal e na formação das consciências; é necessário que esta doutrina certa e imutável, que deve ser fielmente respeitada, seja aprofundada e exposta de forma a responder às exigências do nosso tempo. Uma coisa é a substância do "*depositum fidei*", isto é, as verdades contidas na nossa doutrina, e outra é a formulação com que são enunciadas, conservando-lhes, contudo, o mesmo sentido e o mesmo alcance. Será preciso atribuir muita importância a esta forma e, se necessário, insistir com paciência, na sua elaboração; e dever-se-á usar a maneira de apresentar as coisas que mais corresponda ao Magistério, cujo caráter é prevalentemente pastoral. (João XXIII, 1962)

Texto 2

Não obstante sua linguagem religiosa, o fundamentalismo é um fenômeno exclusivamente moderno. [...]. A busca por razões que visam à aceitabilidade universal só não faria com que a religião fosse injustamente excluída da esfera pública, e só não privaria a sociedade secular de fontes importantes para a instituição de sentido, se também o lado secular conservasse para si uma sensibilidade ao poder de articulação das linguagens religiosas. De todo modo, o limite entre as razões seculares e as religiosas é fluído. Por isso, o estabelecimento desse controvertido limite deveria ser entendido como uma tarefa de cooperação, que exige que *ambos* os lados adotem também a perspectiva do outro. (Habermas, 2010, p. 136, 146, grifo do original)

2. Neste capítulo, você leu sobre os Padres da Igreja. Para motivar a continuidade de seus estudos, leia este trecho do prólogo da

obra *De Trinitate*, de Ricardo de São Vítor, citado por Boff (2014, p. 12-13):

> Que ardor não devemos ter por esta fé na qual todo bem tem seu fundamento e encontra sua firmeza! Mas se a fé é a origem de todo o bem, o conhecimento é sua consumação e perfeição. Lancemo-nos, pois, em direção à perfeição e, por toda a série de progressos possíveis, avancemos apressadamente da fé para o conhecimento. Façamos todos os esforços possíveis para compreender aquilo que cremos (*ut intelligamus quod credimus*).
>
> Pensemos no ardor dos filósofos profanos quanto ao estudo de Deus, nos progressos que fizeram. E envergonhemo-nos de nos mostrar, neste ponto, inferiores a eles. [...]. E nós, que fazemos nós, que, desde o berço, recebemos a Tradição da verdadeira fé? O amor da verdade deve ser em nós mais eficaz que neles o amor da vaidade! Será preciso que, nessas questões, nos mostremos mais capazes, nós que somos dirigidos pela fé, arrastados pela esperança, impelidos pela caridade!
>
> Devemos julgar ainda insuficiente ter sobre Deus, pela fé, ideias corretas e verdadeiras. Esforcemo-nos, como dizíamos, por compreender o que cremos (*quae credimus intelligere*). Empenhemo-nos sempre, nos limites do lícito e do possível, por captar pela razão o de que estamos convencidos pela fé (*compreendere ratione quod tenemus ex fide*). Aliás, é de se admirar se diante das profundezas divinas nossa inteligência se obscureça, ela que é, quase a todo o momento, envolvida pela poeira dos pensamentos terrenos?

Elabore um texto expressando uma reflexão sobre essa leitura.

Atividade aplicada: prática

1. Com base no conceito contemporâneo de teologia, elabore três propostas de ação que sua comunidade religiosa (ou alguma com a qual você tenha afinidade) poderia realizar diante da realidade local na qual está inserida.

2
Linguagens da teologia

objetivo deste capítulo é estudar a teologia em níveis diferenciados de linguagem, os quais partem de esquemas mentais distintos e de cenários específicos, associados à realidade em que estão inseridos. É importante analisarmos os níveis de linguagem presentes na teologia para conhecê-los, compará-los e distingui-los. Por essa razão, a questão linguística é fundamental para assimilar esse movimento da teologia que se configura em diferentes linguagens comunicativas. Cabe aqui entendermos melhor o conceito de linguagem em âmbito geral a fim de assimilá-lo mais claramente em uma abordagem teológica, pois não se trata apenas de formas de comunicação, mas também de um sistema complexo de sentidos e significados.

Ferdinand de Saussure (1857-1913) contribuiu significativamente no campo da linguística. Para o estudioso suíço, os sinais não se reduzem aos de natureza linguística, mas estende-se a outros sistemas (Reale; Antiseri, 2006). Contudo, a língua é um sistema semiológico privilegiado de comunicação, contendo diferenças como uma dimensão própria da cultura humana, rica de pluralidade em seu modo de se expressar. Há riqueza, mas ambiguamente há também riscos, que são comuns a todas as ciências sujeitas aos recursos da linguagem, inclusive à teologia:

> A teologia é uma atividade da inteligência, um pensamento; é espiritual como o próprio pensamento. Não pode, contudo, existir sem a linguagem. Todos os conhecimentos humanos tomam corpo na linguagem, e o próprio desenvolvimento do pensamento implica uma combinação de palavras, de jogo de palavras. A teologia não escapa à lei comum de todos os conhecimentos humanos. (Comblin, 1969, p. 155)

Embora no campo da linguagem, depois de feitas as considerações sobre a amplitude do fenômeno linguístico, haja semelhanças entre as ciências, precisamos destacar que há uma distinta diferença da teologia em relação às outras áreas do conhecimento, exatamente por sua natureza epistemológica e por seu objeto. Para Libânio e Murad (2003), a natureza da linguagem teológica transcende a linguagem comum e a linguagem científica, uma vez que a linguagem humana fica sempre aquém do Mistério sobre o qual ela procura discorrer:

> A linguagem da teologia não se coaduna bem com nenhuma das duas. Vai além da linguagem corriqueira. Mas não se deixa prender nas malhas da linguagem objetivista, fria, neutra das ciências. Prefere a linguagem simbólica, ama o ícone. Sente-se bem no universo da liturgia. Fala à inteligência, mas pretende aquecer as fibras do coração, provocar a conversão, levar à ação sob a luz da fé e o imperativo do amor. Sua linguagem orienta-se a promover o ato

de fé, centrado no diálogo existencial entre Deus e o teólogo no interior da comunidade de fé. Sua linguagem põe-se a serviço dessa vida, dessa prática e não de interesses de alguma instituição ou comunidade científica. (Libânio; Murad, 2003, p. 89-90)

A teologia utiliza o recurso da linguagem humana de modo variável e original para expressar seu conteúdo de maneira receptivamente compreensível ao espaço, tempo e público que ela queira alcançar. Por essa razão, abordaremos a teologia em linguagem especificamente popular, pastoral, mistagógica e acadêmica, destacando, ao final, a relação necessariamente intrínseca entre elas.

2.1 Linguagem popular

A linguagem teológica popular é aqui entendida como aquela que se constrói à margem da linguagem eclesial oficial. Trata-se de uma teologia lida e interpretada por um público nem sempre integralmente adepto a uma Igreja ou religião, mas que é do mundo, do século e, paradoxalmente, não deixa de ser de Deus. O prólogo do Evangelho de João fala de um princípio divino cosmológico que pode ampliar nossa visão cristã do mundo:

> No princípio era o Verbo e o Verbo estava com Deus e o Verbo era Deus. No princípio ele estava com Deus.
>
> Tudo foi feito por meio dele e sem ele nada foi feito.
>
> O que foi feito nele era a vida e a vida era a luz dos homens, e a luz brilha nas trevas, mas as trevas não a apreenderam. [...]
>
> O Verbo era a luz verdadeira que ilumina todo homem, ele vinha ao mundo. (Jo 1,1-5,9)

Esse princípio teológico criador do "Verbo que se faz carne no meio de nós" (Jo 1,14) restabelece o significado de mundo não mais como oposto de Deus, mas como criação dele, lugar em que Ele manifesta-se, revela-se, salva e recapitula todas as coisas. Segundo Boff (2015, p. 112), "uma das características mais importantes de nosso tempo é certamente a emergência, no seio da cultura dominante, do interesse por religião, especificamente, por espiritualidade". Na contemporaneidade, a reflexão teológica extrapola os espaços eclesiais e acadêmicos, entrando em outros âmbitos da sociedade civil.

No Brasil, pelo fato de alguns grupos religiosos assumirem espaços midiáticos e causas sociais, consolidou-se um público que lê e interpreta os discursos e as ações religiosas para além de uma adesão doutrinária específica. Consequentemente, produz-se um conteúdo novo que faz eco também nos espaços eclesiais e acadêmicos:

> A vida social cria entre os grupos humanos uma linguagem comum e, embora cada indivíduo possua ideias pessoais e certas expressões pessoais, é certo que todos sentem a necessidade de achar uma linguagem comum. A pressão permanente da necessidade de comunicar os leva a assimilar-se aos outros e a adotar o vocabulário comum, dando às palavras o sentido comum. (Comblin, 1969, p. 157)

Isso denota um dado antropológico mais que religioso e, como afirma Ratzinger (2008, p. 54), "os grandes temas da condição humana são apreendidos numa percepção simples, fundamentalmente acessível a cada um, e que jamais pode ser superada na reflexão". Segundo o religioso alemão, seria uma iniciativa democrática do Criador. Assim, a teologia em linguagem popular assume um discurso capaz de dialogar com um público distante do púlpito, das comunidades religiosas, das pastorais e dos movimentos. Deus torna-se pauta dos programas e das conversas populares, é ouvido, analisado, interpretado, reinterpretado e refeito em imagens surpreendentes, fora do padrão oficial religioso em que Ele é concebido, uma vez que não há compromisso de fé ou de sistematização.

Ao mesmo tempo, isso desafia a teologia em si a "tirar as sandálias" do conhecimento preestabelecido, dos preconceitos, para sentir de fato o chão novo em que se está pisando. Contudo, exige que essa atitude humilde não seja ingênua. É necessária uma análise mais acurada dos caminhos que levam esse discurso a influenciar a sociedade e a Igreja.

2.2 Linguagem pastoral

A linguagem teológica pastoral insere-se no cotidiano da vida de fé compartilhada em comunidade. Trata-se de uma linguagem simples, mas não simplista. Tecida nos espaços de vivência eclesial, ela é capaz de articular a realidade cotidiana das pessoas e dos grupos com o núcleo central da fé, vivido e assumido por elas, extraindo dessa conexão vital reflexões, percepções e indicativos como respostas para a vida pessoal e comunitária.

Embora a linguagem pastoral pareça um sinônimo de linguagem popular, há uma sutil distinção, a qual é importante evidenciar neste estudo. Para Libânio e Murad (2003), a linguagem pastoral da teologia se dá na dinâmica da vivência existencial e concreta da fé com o pensamento orgânico e elaborado:

> Aqui se compreende "teologia pastoral" como pensar sobre a fé, de forma relativamente orgânica e elaborada, guardando relação próxima com as perguntas suscitadas pela prática pastoral. A teologia pastoral apresenta "lógica de ação refletida", ao mesmo tempo concreta, profética e impulsionadora da evangelização. Ela ganhou sistematicidade e lógica, ao adotar, muitas vezes, os passos metodológicos da Ação Católica: ver, julgar, agir. (Libânio; Murad, 2003, p. 202)

Evidentemente, esse percurso metodológico não exclui o dinamismo e a interpenetração entre a fé e o pensamento elaborado, de modo que garanta sua vivacidade reflexiva. Trata-se de uma reflexão relacionada ao cenário local conhecido, mapeado e refletido da vida eclesial marcada pelos condicionamentos históricos e sociais no horizonte da fé.

O termo *pastoral* remete à ação do pastor, daquele que cuida e conduz um grupo ou uma comunidade rumo às verdes pastagens (Sl 22). Por isso, seu conteúdo é elaborado por pessoas e grupos que assumem essa tarefa no seio eclesial:

> Elaboram teologia pastoral pastores e agentes pastorais leigos e religiosos, desde que se apropriem criativamente de elementos da teologia sistematizada. Tomam parte como coprodutores do saber todos os que participam da reflexão, ouvindo, escrevendo, pesquisando, perguntando, discutindo e reelaborando dados. Trabalho assaz estimulante desemboca em produto final predominantemente oral. Destacam-se ainda textos simples e breves, como documentos pastorais e alguns livrinhos de formação. (Libânio; Murad, 2003, p. 203)

Tais reflexões em linguagem pastoral servem na condução do rebanho (pessoas e grupos de caminhada de fé intraeclesial), ou seja, daqueles que conhecem os códigos da fé em âmbito vivencial pelo hábito constante de participar da vida eclesial.

Um ponto importante a ser destacado quando se fala em linguagem pastoral é que ela não desdenha nem elimina o teor teológico doutrinal da reflexão eclesial, mas a interpreta articulando o conteúdo doutrinal com as realidades vivenciadas pela comunidade de fé. A exortação apostólica *Evangelii Gaudium*, do Papa Francisco, deixa isso bem claro no parágrafo 35:

> Uma pastoral em chave missionária não está obsessionada pela transmissão desarticulada de uma imensidade de doutrinas que se tentam impor à força de insistir. Quando se assume um objetivo pastoral e um estilo missionário, que chegue realmente a todos sem exceções nem exclusões, o anúncio concentra-se no essencial, no que é mais belo, mais importante, mais atraente e, ao mesmo tempo, mais necessário. A proposta acaba simplificada, sem com isso perder profundidade e verdade, e assim se torna mais convincente e radiosa. (EG, 2013, n. 35)

Como se pode ver, a teologia de cunho pastoral é elaborada com foco no elemento central da fé em articulação com as demandas pastorais da comunidade eclesial, jogando luz sobre as realidades circundantes. É importante que a linguagem pastoral, por seu caráter de simplicidade, não seja alterada em seu conteúdo e não limite o crescimento vital da comunidade que se alimenta de sua mensagem.

2.3 Linguagem mistagógica

A linguagem mistagógica ou mística encontra no espaço litúrgico um lugar privilegiado para se manifestar, assim como no âmbito da espiritualidade, mais especificamente na vida de oração. Ambos são lugares fecundos para gerar e edificar uma comunicação com o divino em linguagem mais mística. A linguagem mistagógica é aquela que conduz ao Mistério. Contudo, há uma especificidade ao falar de mística na teologia cristã:

> A linguagem teológica, no entanto, esbarra com dificuldades nesses dois pontos. Responde a duas exigências difíceis e desafiantes. A primeira e fundamental refere-se a seu objeto principal: Deus. Ela sofre a vertigem de Deus. A linguagem humana dista infinitamente

do Mistério sobre o qual quer discorrer. (Libânio; Murad, 2003, p. 90)

A mística ou experiência mística está presente em muitas religiões, caracterizando-se pela intensa expressão religiosa em âmbito existencial, atingindo o pensar, o sentir, o falar e o agir. Há também uma identificação da mística como um fenômeno religioso extraordinário, a exemplo das experiências visionárias de êxtase e de uma vida de alta exigência ascética. Sob a ótica teológica cristã, a mística apresenta um conteúdo central único, Jesus Cristo, com formas variadas de expressão. Nesse sentido, "a história da mística cristã é história teológica da encarnação. O Crucificado (mística da paixão) e o Ressuscitado (mística da luz) são parte dela" (Mieth, citado por Eicher, 2005, p. 564). Não se trata de partes estanques ou divididas, mas de uma única realidade em momentos e dimensões distintas, porém nunca separadas.

Susin (2006, p. 557) enfatiza o papel do teólogo como mistagogo no caminho da fé da comunidade eclesial:

> É consenso, depois de debates mais ou menos intensos, que a teologia é um saber, cuja racionalidade depende da experiência da fé, no âmbito da Tradição de uma comunidade de pertença. É célebre a expressão de Simão Teólogo de que o verdadeiro teólogo é o místico. E, consequentemente, torna-se "mistagogo" em mão dupla: balbucia o Mistério experimentado para os demais e conduz os demais à experiência do Mistério.

Partindo do dado da encarnação, a mística cristã não se iguala a uma ideia esotérica ou a uma experiência extraordinária no sentido mágico. É exatamente o contrário: independentemente da forma (visão, êxtase, bilocação etc.), o que garante sua autenticidade está no impacto da vida prática, em outras palavras, na conversão existencial e profunda de vida.

A mística ocupa um lugar singular na linguagem teológica, pois nela surge (teologia catafática[1]) ou se estanca (teologia apofática[2]) a Palavra. Ambas se complementam e permeiam o grande legado da teologia cristã. Para Mieth (citado por Eicher, 2005, p. 568), a mística cristã em sua autenticidade contribui significativamente com uma resposta de fé que abraça o mundo como lugar propício para a santidade de vida:

> A mística cristã pode, ademais, ser portadora de traços de referência ao mundo por razões teológicas. Precisamente partindo-se da unidade e teologia da criação e da encarnação, o mundo surge como campo de santificação e como sinal em que se inclui toda a metafórica de Deus como o Mistério do mundo, podendo ser desvelada.

Nessa perspectiva, a Revelação de Deus se dá no intuito de se autocomunicar ao ser humano, estando dele cada vez mais próximo, e ao mesmo tempo abre caminhos novos desse conhecimento por meio de uma experiência única e pessoal por parte de quem o busca. Isso deve se distinguir de uma ideia exclusivista e fechada da experiência de fé:

> A "irrupção" (Mestre Eckhart) na nova dimensão não significa ser dotado de revelações particulares que se possam acrescentar à experiência religiosa suscitada na Revelação, mas trata-se de uma espécie de salto qualitativo no sentido e importância da própria experiência. (Mieth, citado por Eich, 2005, p. 569)

---

1 A teologia catafática é definida como o procedimento teológico mediante o qual se referem a Deus os conceitos relativos aos nomes com os quais ele é indicado. Esses conceitos, extraídos dos seres derivados de Deus, podem ser aplicados a Ele como causa primeira de todas as coisas, não sendo suficientes, porém, para exprimir adequadamente sua natureza (Spiteris, 2003).

2 A teologia apofática é o sistema teológico que procede por negações, recusando-se progressivamente a referir a Deus os atributos tomados do mundo sensível e inteligível, para aproximar-se de Deus – que está além de todas as coisas criadas e de todo conhecimento relativo a elas – transcendendo todo e qualquer conhecimento e conceito (Spiteris, 2003).

Evidentemente, um caminho de espiritualidade mais profundo pela via da experiência mística favorece esse salto qualitativo. Todavia, para que ele seja autêntico, necessita passar pelo crivo do amor e da verdade na relação real com o próximo. Uma linguagem mística destituída de amor e verdade na existência da pessoa corre o grave risco de ser apenas uma fachada, uma encenação sem vida que não convence ao longo do tempo.

2.4 Linguagem acadêmico-científica

A linguagem teológica acadêmica e/ou científica assume um destaque excepcional no estudo desta obra, voltada para os fundamentos científicos da teologia. Falar da teologia como ciência exige uma apropriada disposição do intelecto para refletir a fé com rigor crítico e apurado senso religioso. Isso exige esforço contínuo e determinado, somado à consciente abertura para a graça divina que se revela aos que a ela se entregam humildemente. Pensar e fazer teologia nessa perspectiva dinâmica parece um paradoxo, e de fato o é.

A academia é o lugar privilegiado do exercício do saber e do estudo sistemático das ciências. A universidade não é apenas um lugar físico e estático, mas de produção viva do saber em suas três instâncias (ensino, pesquisa e extensão), de maneira responsável com a sociedade e o bem comum. Ela ampara as possibilidades de reflexão e pesquisa em variadas áreas do conhecimento. Historicamente, a teologia tem lugar na gestação das primeiras universidades, um lugar primordial como fundamento espiritual do intelecto:

> Desde as suas origens, a universidade é uma instituição que pede a todos os seus membros um "ethos", a todos o mesmo: o "ethos"

do cientista. Científica é a pesquisa da realidade, a verdadeira realidade derradeira de tudo. A submissão à ética da realidade é a honra, o dever, a responsabilidade das universidades de tipo europeu tradicional. (Comblin, 1969, p. 66)

Segundo Kem, citado por Eicher (2005, p. 862), "a teologia é exercício da vida da Igreja ao nível da reflexão crítico-científica". Nesse sentido, compreende-se o papel articulador da teologia com as outras áreas do conhecimento em nível acadêmico-científico. Trata-se de um sistema orgânico de reflexão à luz da fé revelada, capaz de estabelecer conexões profícuas entre as dimensões existencial e cognitiva do saber. A linguagem acadêmico-científica, entre todos os níveis da linguagem teológica, é composta de uma complexidade objetiva e subjetiva, que exige empenho cognitivo assertivo e concentrada atenção existencial, ou seja, é o exercício do intelecto com toda a sua potência, impregnado de uma existência entregue e atenta ao seu objeto de estudo.

Corroborando a posição de São João Paulo II[3] e do papa emérito Bento XVI[4], o Papa Francisco propõe um caminho fecundo de diálogo e crescimento recíproco da teologia no exercício relacional entre fé e razão:

> A Igreja propõe outro caminho, que exige uma síntese entre um uso responsável das metodologias próprias das ciências empíricas e os outros saberes como a filosofia, a teologia e a própria fé que eleva o ser humano até ao Mistério que transcende a natureza e a

---

[3] João Paulo II, na encíclica *Fides et Ratio*, enfatiza a vital relação entre fé e razão, que são como duas asas que nos elevam para Deus. Ele coloca a unidade profunda e indivisível entre o conhecimento da fé e da razão, dizendo: "O mundo e o que nele acontece, assim como a história e as diversas vicissitudes da nação, são realidades observadas, analisadas e julgadas com os meios próprios da razão, mas sem deixar a fé alheia a este processo" (FR, 1998, n. 16).

[4] Bento XVI, na exortação apostólica pós-sinodal *Verbum Domini*, enfatiza sobre a necessária harmonia e articulação entre fé e razão no exercício hermenêutico da Sagrada Escritura. Diz o religioso: "Por um lado é necessária uma fé que, mantendo uma adequada relação com a reta razão, nunca degenere em fideísmo, que se tornaria a respeito da Escritura, fautor de leituras fundamentalistas. Por outro, é necessária uma razão, que investigando os elementos históricos presentes na Bíblia, se mostre aberta e não recuse aprioristicamente tudo o que excede a própria medida" (VD, 2010, n. 36).

inteligência humana. A fé não tem medo da razão; pelo contrário, procura-a e tem confiança nela, porque "a luz da razão e a luz da fé provém ambas de Deus", e não se podem contradizer entre si. (EG, 2003, n.242)

O que se percebe é que os equívocos referentes à relação entre fé e razão, entre ciência e teologia, estão na compreensão dos conceitos que historicamente sofreram uma evolução semântica que nem sempre é sinônimo absoluto de evolução, mas muitas vezes de involução. E aí está o ponto nevrálgico do conflito que assalta ora o universo acadêmico, ora o universo religioso.

Assim, como a teologia transita ambos os espaços, ela é constantemente desafiada a posicionar-se nessa integração. Por isso, é preciso que se conheça os níveis de linguagem, não tanto em sentido hierárquico do termo, quanto em seu sentido específico, dinâmico e orgânico a fim de estabelecer uma salutar comunicação entre ambos.

2.5 Articulações entre as linguagens da teologia

Na teologia cristã, a linguagem assume um lugar excepcionalmente importante, uma vez que a fé gira em torno da Palavra de Deus, de uma Palavra que se fez carne, pura linguagem transmitida pela Bíblia e pela Tradição eclesial. Segundo Comblin (1969, p. 159), a teologia "busca um sentido oculto pelas analogias tiradas da experiência do mundo natural". Uma imagem que ilustra a multiplicidade da linguagem teológica e a singularidade que se exprime em torno de seu núcleo central é a cosmovisão cristológica do universo presente na exortação apostólica pós-sinodal *Verbum Domini*, do Papa Bento XVI:

> Recorrendo a uma imagem, podemos comparar o universo com uma partitura, um "livro" – diria Galileu Galilei – considerando-o como "a obra de um autor que se exprime através da "sinfonia da criação". Dentro desta sinfonia, a determinado ponto aparece aquilo que, em linguagem musical, se chama um "solo", um tema confiado a um só instrumento ou a uma só voz; e é tão importante que dele depende o significado da obra inteira. Este "solo" é Jesus [...]. O Filho do Homem compendia em Si mesmo a terra e o céu, a criação e o Criador, a carne e o espírito. É o centro do universo e da história, porque n'Ele se unem sem se confundir o autor e a sua obra. (VD, 2010, n. 13)

Transferindo a ideia para o tema aqui abordado, vejamos os níveis de linguagem como os elementos que compõem uma sinfonia, marcada pela singularidade dos mais diferentes instrumentos musicais, cada qual contribuindo com um som específico. Todavia, em meio à diversidade dos sons de linguagem, há um solo que dá unidade a toda a obra, como um fio condutor que confere sentido e beleza ao conjunto. Nessa perspectiva, compreende-se que, diante dos mais variados níveis de linguagem teológica, há um ponto central de articulação de todos os planos, que exige ser profundamente conhecido para ser reconhecido em suas variadas roupagens: Jesus Cristo, o Filho de Deus que se encarnou no meio de nós. É por Ele que a comunicação divina ganha carnalidade, proximidade impensável e presença incomensurável.

O labor teológico utiliza-se não apenas de uma linguagem absoluta e não se expressa somente como verdade ou amor, mas intrinsecamente conjuga todas essas realidades. Conforme Comblin (1969, p. 157), "a linguagem é o primeiro instrumento de comunicação entre os homens. A colaboração material e espiritual entre eles supõe a linguagem". Para Boff (2015), é nessa síntese material e espiritual que a teologia deve articular sua linguagem:

> Daí que o trabalho teológico não se contenta em desenvolver o lado veritativo ou dogmático da fé (*fides quae*), mas também o lado afetivo ou espiritual (*fides qua*). Os dois aspectos estão recíproca e intimamente imbricados, como cara e coroa. Em cristianismo, não existe amor sem verdade, como não existe verdade sem amor. Daí que a teologia *comme il faut* não pode ser racionalista (osso sem carne), nem simplesmente espiritualista (carne sem osso), mas ambas as coisas, conjuntamente. (Boff, 2015, p. 116)

De fato, nenhuma linguagem esgota a teologia, pois esta nunca está finalizada. É importante destacarmos que a teologia não engendra a pastoral – ao contrário, atua como atividade reflexa do exercício da fé, de sua experiência pessoal e comunitária do ser e do agir cristão. Todo o aparato técnico e sistemático da teologia é interino, ou seja, serve de meio ou etapa para se chegar a um conhecimento mais lúcido e claro das verdades do Evangelho, de Jesus Cristo, nosso Senhor, e de sua mensagem central (Comblin, 1969).

Assim, para uma adequada tessitura da teologia, verifica-se a necessidade das articulações entre as linguagens aqui apresentadas: a linguagem acadêmico-científica da teologia, por seu rigor de criticidade e busca da verdade; a linguagem mistagógica, por seu caráter de profunda espiritualidade da fé; a linguagem pastoral, por seu efetivo exercício da vida de fé em comunidade; e a linguagem popular, por sua capacidade comunicativa na expressão da fé em espaços públicos e seculares.

Síntese

Neste capítulo, apresentamos as diversas linguagens teológicas e analisamos a especificidade de cada uma delas, assim como a relação entre elas e suas articulações. A teologia em linguagem popular constitui-se em âmbito extraeclesial e extrarreligioso, sendo compreendida por alguns autores atuais como uma teologia pública, por ser tecida em espaços públicos e fora do púlpito religioso. Embora não seja uma palavra teológica oficial, em termos canônicos, ela pode nos falar de Deus e/ou de como ele é visto, refletido e interpretado no mundo.

A teologia em linguagem pastoral reflete o pensamento cotidiano da vida de fé compartilhada em comunidade. Trata-se de uma linguagem construída na vivência eclesial, como resultado da ação refletida da fé, extraindo ponderações para a vida pessoal e comunitária. A teologia em linguagem mística conduz ao Mistério e instala um lugar privilegiado para a manifestação profunda da fé em linguagem espiritual. A teologia em linguagem acadêmico-científica dispõe o intelecto e todas as categorias cognitivas para refletir sobre a fé com rigor crítico e abertura consciente à graça divina. Todas essas linguagens precisam ser articuladas entre si, a fim de que uma linguagem não seja considerada única e verdadeira.

A teologia não é uma ideologia filosófica com a finalidade de justificar uma ação, pois essa visão empobrecida do labor teológico esvaziaria por completo sua tarefa no mundo e na Igreja. Em síntese, compreender a teologia como um serviço ao Evangelho e à Palavra revelada é primordial para não cair em reducionismos.

Atividades de autoavaliação

1. Como vimos, a teologia adota diferentes níveis de linguagem. Entre as possíveis linguagens teológicas, encontra-se a popular. A respeito dessa linguagem, é correto afirmar:
   a) A linguagem teológica jamais pode ser construída e refletida fora do âmbito pastoral eclesial. Romper esse limite causaria desconfortos com outras áreas do conhecimento humano, dos quais a teologia deve manter-se longe.

b) A linha teológica pastoral, pela sua universalidade, substituirá todas as outras linguagens teológicas.
c) A reflexão teológica não pode extrapolar os espaços eclesiais e acadêmicos. Isso se deve à laicidade do Estado brasileiro, o qual estabelece que adentrar em outros âmbitos da sociedade civil é papel de outras ciências e não da ciência teológica.
d) A linguagem teológica popular nada tem a contribuir, pois o discurso teológico doutrinário é suficiente. Portanto, a teologia não precisa, em sinal de humildade, "tirar as sandálias" de seu rico conhecimento teológico, compreensível por si só a todas as gerações.
e) A linguagem teológica é uma teologia de certo modo pública, ou seja, lida e interpretada por um público que não se faz refém de Igreja ou da religião, mas é do mundo, do século e, paradoxalmente, não deixa de ser de Deus.

2. Leia o trecho a seguir:

> A teologia pastoral situa-se a meio caminho entre a reflexão existencial concreta e a teologia acadêmica. Essa denominação imprecisa abarca um campo imenso de possibilidades, que vai desde a reflexão sobre a ação na comunidade eclesial concreta, passando pelos cursos de cultura religiosa e teologia para leigos, até a disciplina específica no curso acadêmico de teologia. (Libânio; Murad, 2003, p. 202)

Com base nessa afirmação e no que se refere à linguagem teológica pastoral, analise as afirmações a seguir:

I. A linguagem pastoral em nada difere da linguagem popular. A distinção entre as duas é pura especulação de quem desconhece o assunto em questão.

II. A linguagem teológica pastoral é simples, porém não é simplista nem desdenha e muito menos elimina o conteúdo doutrinal da reflexão eclesial. Além disso, insere-se no cotidiano da vida de fé compartilhada em comunidade.

III. Sendo tecida nos espaços da vivência eclesial, a linguagem teológica pastoral é capaz de articular a realidade cotidiana das pessoas e dos grupos com o núcleo central da fé, extraindo reflexões, percepções e indicativos como respostas para a vida pessoal e comunitária.

IV. A linguagem pastoral não dialoga, em virtude de suas especificidades, com outro nível de linguagem teológica. É uma linguagem pura e autêntica.

V. O termo *pastoral*, presente nas Sagradas Escrituras, remete ao cuidado que os pastores dispensam a seu rebanho. Os pastores de uma comunidade conduzem os fiéis, um grupo ou uma comunidade em meio a alegrias e desafios. Por isso, a linguagem pastoral é elaborada por pessoas e grupos que assumem essa tarefa no seio eclesial.

Assinale a alternativa correta:
a) Apenas as afirmativas II, III e V estão corretas.
b) Apenas as afirmativas II e IV estão corretas.
c) Apenas as afirmativas I, II e IV estão corretas.
d) Apenas as afirmativas I, III e V estão corretas.
e) Todas as afirmativas estão corretas.

3. Tanto no espaço litúrgico como no âmbito da espiritualidade, a linguagem mistagógica ou mística encontra lugares fecundos para se manifestar. Indique que contribuição a mística presta à linguagem teológica:
a) A linguagem mística não deveria ser considerada fruto da reflexão teológica, pois seu caráter sobrenatural não pode ser sistematizado e estudado pela ciência teológica.

b) A linguagem mística, separando a experiência amorosa da auto-comunicação de Deus e a verdade na existência da pessoa, concentra forças no essencial da vida e revela a linguagem que dispensaria qualquer outra linguagem humana.
c) A mística cristã contribui significativamente com uma resposta de fé que abraça o mundo como lugar propício para a santidade de vida.
d) A mística cristã não contribui em nada com a reflexão teológica e deveria ser ignorada pelo teólogo.
e) Todas as alternativas estão corretas.

4. Analise as afirmações a seguir e indique se são verdadeiras (V) ou falsas (F) em relação à linguagem acadêmico-científica:

( ) O senso religioso é desnecessário como ciência teológica. Ao teólogo basta refletir a fé com rigor crítico. Portanto, a dimensão afetiva ou espiritual da fé não faz parte do desenvolvimento do trabalho teológico.

( ) A teologia é uma reflexão crítico-científica com suas bases na vida da Igreja. Trata-se de um sistema orgânico de reflexão à luz da fé revelada. Ademais, uma teologia feita com seriedade não pode ser racionalista nem simplesmente espiritualista. Por isso, o teólogo deve buscar conciliar fé e razão.

( ) A linguagem teológica acadêmico-científica é marcada por uma complexidade objetiva e subjetiva. Portanto, é o exercício do intelecto com toda a sua potência, impregnada de uma existência entregue e atenta ao seu objeto de estudo.

( ) Fé e razão são inarticuláveis, portanto na linguagem teológica acadêmico-científica é preciso despir da investigação todo elemento de fé. Assim, a teologia contenta-se em desenvolver o lado veritativo ou dogmático da fé.

Assinale a alternativa que representa a sequência correta:
a) F, V, F, V.
b) F, F, V, V.
c) F, V, V, F.
d) V, F, V, V.
e) V, V, V, V.

5. Indique a alternativa correta em relação aos quatro níveis de linguagem da teologia:
   a) Os níveis de linguagem teológica são tão distintos entre si que são independentes uns dos outros. Sendo apenas aparatos técnicos, cada um pode optar pelo que bem entender.
   b) A linguagem teológica mistagógica ou mística deveria preceder e até mesmo dispensar todas as outras em virtude de sua superioridade, ao colocar o interlocutor em contato direto com Jesus Cristo e sua mensagem central.
   c) Esses níveis de linguagem são meramente ilustrativos, não sendo possível constar diferenças da linguagem teológica nos diferentes espaços privados, eclesiais, públicos ou acadêmicos.
   d) O teólogo não se utiliza apenas de uma linguagem absoluta. Por isso, exercita-se em seu labor teológico para alcançar versatilidade, apropriando-se e colocando em diálogo ambas as linguagens para comunicar melhor os frutos de sua reflexão. Também usa da expressão da verdade tanto quanto do amor, conjugando-as em seu pensar e discursar teológico.
   e) Todas as alternativas estão corretas.

Atividades de aprendizagem

Questões para reflexão

1. Neste capítulo, você estudou a contribuição que a mística cristã presta ao saber teológico. Leia o trecho a seguir, a respeito da mística cristã:

> Em sentido teológico, a experiência mística refere-se ao contato pessoal com o Deus que se autocomunicou (Revelação), que constitui o fundamento da fé pessoal. Na Sagrada Escritura, essa experiência é expressa pelos termos provar, saborear. Nesse sentido, a experiência cristã deve ser entendida, quanto à sua origem, como um vivo e saboroso contato por parte de algumas pessoas com a realidade singular de Jesus de Nazaré, que permite abrir-se para Deus e conhecê-lo, participando da salvação. Essa experiência é compreendida, aprofundada, testemunhada e transmitida com a vida e com a confissão de fé pela comunidade primitiva, tendo em vista uma perene presença libertadora de Cristo e da adesão a Ele e a seu Deus por parte de toda pessoa.
>
> A mística é um conceito fundamental do cristianismo como o é de toda religião que admite em seu âmbito o Mistério e até de movimentos filosóficos que tendem a reconhecer a existência do Mistério como componente da realidade absoluta. A mística na perspectiva cristã admite o nível natural da realidade mística, compartilhada com as outras religiões a atitude de reverente inclinação e entrega em face do Mistério e o desejo de deixar-se informar e transformar por ele na vida concreta. A mística compartilha do olhar interior, contemplativo, sobre a realidade, para infundir em tudo o que o circunda transparência par ao Mistério. A mística é uma atitude cristã diante da realidade, diante da vida, que encerra a admiração, a pergunta, o desejo, o temor, a fascinação.
>
> Nada disso fica alheio ao conceito de mística cristã. Não só, porém não o esgota, mas é como uma primeira e mais externa percepção

do Mistério, como a vibração nas margens de um lago sereno, causada pelo impacto de uma pedra em sua superfície. Este é o impacto que repercute na humanidade o fato da pessoa de Jesus, Deus e Homem. (Silva, 2010, p. 36-37)

Considerando este texto, escreva seu entendimento sobre a contribuição da mística à linguagem teológica.

2. Libânio e Murad (2003, p. 205-206) dão pistas em relação à articulação dos diferentes níveis da linguagem teológica. Leia o trecho a seguir:

> A correta articulação dos três níveis [nesta abordagem, os autores não consideraram a linguagem mística] de teologia não é tarefa fácil. O mais corrente erro consiste em não reconhecer a especificidade de cada nível. Alguns problemas provêm da injunção da teologia acadêmica sobre a pastoral. Abundam os casos de falta de adequação do conhecimento e carência de sensibilidade. Por exemplo: o professor de teologia, ou o padre recém-ordenado, aventura-se a fazer comentário exegético sobre o Evangelho do domingo, durante a homilia. Realiza um discurso teologicamente correto, pastoralmente inútil, se não está atento à vivência da fé e à linguagem compreensível para os fiéis. Ou, ainda, o estudante de teologia que, num cursinho elementar de formação de catequistas de primeira eucaristia, aproveita e aplica diretamente suas anotações de aula, discorrendo pretensiosamente sobre as tradições javista, eloísta, deuteronômica e sacerdotal. Desta forma, deixa os/ as catequistas perplexos e confusos, sem dar-lhes as chaves para entrar no mundo da Bíblia.
>
> A raiz deste equívoco reside em querer fazer uma "adaptação" e diluição dos conteúdos em vez de reelaborar o conhecimento teológico. A teologia pastoral não é a teologia acadêmica simplificada ou facilitada, e sim um estado específico de teologia, com sua linguagem, método e conteúdo próprios. Na passagem da teologia acadêmica para a pastoral, utiliza-se a mesma matéria-prima, mas o

produto final é diferente, devido à mediação hermenêutica-didática. Para usar uma imagem fácil: tanto a rapadura como a aguardente são produtos da cana, mas submetidos a diferente processo de elaboração. Pedacinhos de rapadura jamais se transformam em aguardente. Os dados da fé necessitam ser fermentados e destilados no cadinho da pastoral para se transformarem em "teologia pastoral". [...]. Desafio permanente, a articulação entre os distintos níveis da teologia postula pessoas e grupos flexíveis, que exercitem a reversibilidade na reelaboração dos conhecimentos. Sensibilidade pastoral e humana, acrescida de horizonte intelectual e domínio de categorias teológicas mostram-se pré-requisitos fundamentais nesta ingente tarefa.

Com base no texto lido e no que você aprendeu até aqui, escreva suas percepções sobre a desafiante tarefa do uso adequado das linguagens teológicas nos ambientes eclesial, acadêmico e público.

Atividade aplicada: prática

1. Observe com caridade crítica os agentes pastorais com os quais você tem contato e tente constatar se estão utilizando uma linguagem adequada ao tipo de público a que estão se dirigindo. Caso você também seja um agente pastoral, faça um autoexame sobre sua prática. Redija suas observações em um diário de bordo.

3
Teologia como ciência

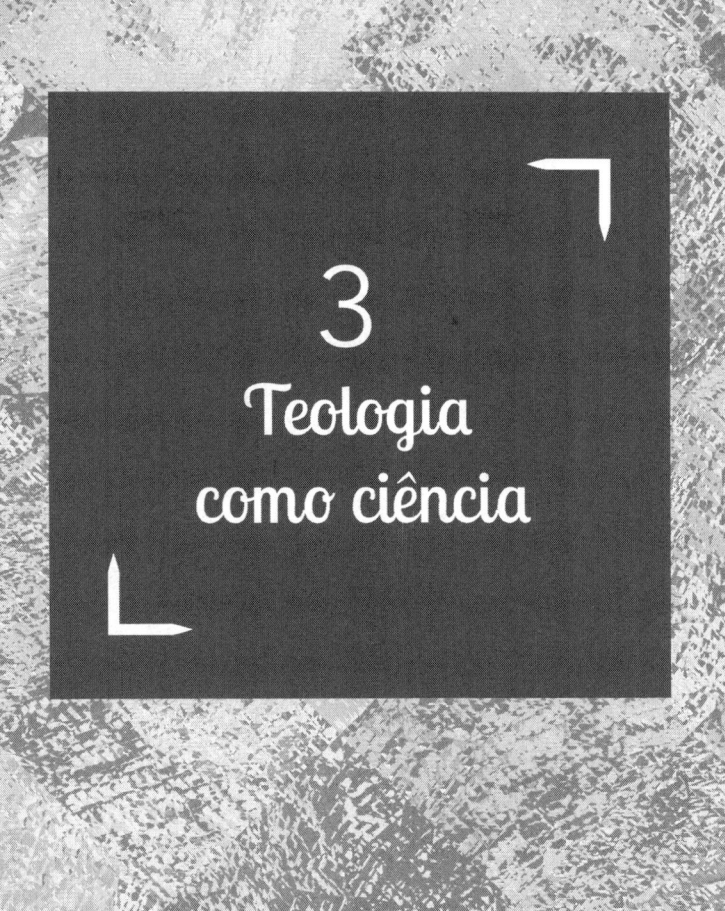

Neste capítulo, aprofundaremos a reflexão da teologia como ciência. Esse é um dado já apresentado introdutoriamente aos estudos teológicos. No entanto, vale ressaltarmos alguns aspectos primordiais na compreensão desse conceito a fim de explicitar mais claramente esse entendimento. A modernidade lutou pela superação das estruturas anteriores que supervalorizaram a alma em detrimento do corpo e o céu em detrimento da terra. De fato, essa concepção dualista e a-histórica penetrou o cristianismo, apartando-o de sua bagagem hebraico-semítica. A centralidade da racionalidade, da ação, da produção e da luta pela autonomia e individualidade engendrou uma escatologia terrestre, uma compreensão de que o futuro é agora e de que estamos na idade adulta, em que os "novíssimos" não precisam mais ser esperados.

O cardeal Gianfranco Ravasi, em uma entrevista por ocasião da edição do Átrio dos Gentios[1] realizado no Brasil, em Curitiba, Paraná, observou que, historicamente, algumas áreas do saber foram proeminentes, como a filosofia e a arte. Na cultura contemporânea, o conhecimento dominante é a ciência – compreendida em seu caráter empírico-tecnicista –, e de fato isso é inegável. Mas há um risco quando se absolutiza um saber: simplificar e reduzir os outros campos do conhecimento humano. Para o religioso, a ciência, ao responder à pergunta "O que acontece?", mostra-nos o cenário em que tudo se desenrola. Mas também precisamos nos perguntar "Por que acontece?" e "Qual é o sentido disso tudo?" Por isso, é indispensável que, ao lado da ciência (que reconhecemos como importante, obviamente), estejam também outras modalidades radicais de conhecimento que lidem com as questões fundamentais (Ravasi, citado por Átrio dos Gentios, 2016, p. 23).

A teologia é uma ciência, como já afirmado, contudo ela tem pontos distintos das outras ciências afins. Diante disso, alguns questionamentos podem surgir: a teologia tem uma racionalidade própria ou trata-se de uma pseudociência? Marques, citado por Zabot et al. (2016), apresenta uma lúcida explanação sobre a questão:

> Tais perguntas são importantes, pois se não tem uma racionalidade, a fé deve ser confinada ao mundo dos sentimentos, à vida privada, e não tem nada a dizer ao mundo e sobre o mundo. Do mesmo modo há o perigo de que, rejeitando a fé, a razão se limite a uma visão apenas horizontal da vida, fechando-se em si mesma e caindo na escravidão do racionalismo frio e calculista, incapaz de produzir valores. Em ambas as situações, quem perde é a humanidade. (Zabot et al., 2016, p. 64)

---

[1] O Átrio dos Gentios é um projeto promovido pelo Pontifício Conselho para a Cultura do Vaticano, que tem por objetivo favorecer o diálogo transparente e honesto entre crentes e não crentes sobre temas fundamentais da existência humana, e desta em relação à cultura, à ciência e à fé. Realizado em espaços simbólicos de diferentes cidades do mundo, reúne personalidades do universo da arte, da economia, da ciência, da política e da academia. Essa iniciativa é uma resposta ao discurso inspirador do Papa Bento XVI de 21 de dezembro de 2009. Atualmente, o Papa Francisco reafirmou a importância desse diálogo para a Igreja.

Então, de que forma podemos afirmar que a teologia é uma ciência? Embora a teologia seja ciência, paradoxalmente ela a transcende, pois não se reduz à experimentação verificável e constatável do empirismo científico. Não se pode engessar a produção teológica ao recinto da ciência formatada na modernidade aos moldes da razão instrumental. Exatamente por seu objeto material, distintamente singular, a teologia se faz com o emprego de todas as faculdades humanas sob o influxo da graça. Todavia, a teologia em linguagem acadêmico-científica conta com um procedimento sistemático, com uma metodologia própria do rigor científico. Parte de um processo positivo do conhecimento, buscando primariamente a Revelação, que já é dada e não criada da forma que se deseja, aleatoriamente. Em outras palavras, Deus pode ser objeto de conhecimento humano por meio da fé. Como afirmam Rossi e Vieira, citados por Sanches (2009), a fé não é ciência, é um postulado anterior, porém pode ser explicada cientificamente.

Há um aspecto que acompanha a evolução do conhecimento humano em toda a história: o exercício de uma racionalidade crítica. E na teologia não é diferente, pois uma boa análise crítica revela o compromisso com a verdade e a autenticidade das coisas. Entretanto, criticidade não é sinônimo de uma visão cítrica da realidade, que muitas vezes pode acidar o intelecto e deixá-lo rabugento e sem vida. Logo, a proposta deste capítulo é abordar o caráter epistemológico da teologia, o caráter interdisciplinar em sua relação com as outras ciências e áreas do conhecimento e o caráter hermenêutico da fé.

3.1 Caráter epistemológico

O caráter epistemológico da teologia consiste, por um lado, em adotar critérios próprios de qualquer ciência (um objeto de estudo e um método definido, com objetividade e coesão nas proposições apresentadas) e, por outro, em assumir uma parte específica da teologia como ciência (sua natureza baseada na Revelação como autocomunicação divina que se estabelece como princípio teológico, diferenciando-se das demais ciências).

A Comissão Teológica Internacional (CTI) discute as várias formas de viver e assimilar a fé cristã e situa a teologia científica como expressão distinta:

> O *intellectus fidei* assume várias formas na vida da Igreja e na comunidade dos crentes, de acordo com os diferentes dons dos fiéis (*lectio* divina, meditação, pregação, teologia como ciência etc.). Torna-se teologia, no sentido estrito, quando o crente se compromete a apresentar o conteúdo do Mistério cristão de uma forma racional e científica. A teologia é, portanto, *scientia Dei* na medida em que é uma participação racional no conhecimento que Deus tem de si mesmo e de todas as coisas. (CTI, 2012, n. 18)

Segundo Boff (2015, p. 114), "o princípio mais elementar da epistemologia é: todo saber deve se adaptar à natureza de seu objeto". Quanto ao objeto de estudo da teologia, há uma distinção em relação ao processo de investigação. Nas outras ciências, o pesquisador se debruça *sobre* o objeto a fim de extrair seu conhecimento. Na teologia, o teólogo coloca-se *sob* o objeto que se dá a conhecer pela Revelação por meio de um ato de fé:

> Assim fica descrito, de modo elementar, o estatuto epistemológico básico da teologia. Ela aparece, assim, como uma ciência *secundum pietatem*, para usar uma expressão das Cartas Pastorais. A teologia é, por um lado, uma ciência no sentido corrente do termo: um saber rigoroso, isto é, crítico, metódico e sistemático; e, por outro, é uma ciência afetiva, ou seja, experiencial, sapiencial, em suma: espiritual. Agora, que se reserve o termo *ciência* para o

primeiro aspecto (ciência de rigor), ou que se alargue sua acepção até incluir o segundo aspecto (ciência com fervor), isso é secundário. Trata-se aí de mera *quaestio de verbis*, sobre a qual não vale a pena insistir, porque depende das convenções de uma cultura. (Boff, 2015, p. 116, grifo do original)

A salvaguarda de uma autêntica ciência teológica está nesse contraste genuíno de sua *episteme*, a qual exige fervor e rigor no método de estudo do objeto; razão e afeto no conteúdo desenvolvido; e densidade e fluidez na reflexão exposta. Por essa razão, ela se apresenta de modo singularmente solitário no seio da universidade, sendo que "para uma razão fechada, como a hegemônico-moderna, ela fará figura de um saber paradoxal e até mesmo absurdo, ou, para falar como Paulo, como escândalo e loucura" (Boff, 2015, p. 117).

Para Santo Tomás de Aquino, a relação entre fé e razão não é de oposição ou de concorrência, pois uma não elimina a condição da outra. Ambas são distintas entre si e correlativamente necessárias. Comblin (1969) ressalta que, para o doutor angélico, o discurso como dedução reflexiva serve como instrumento da razão, a qual dará seu parecer crítico da realidade. Anselmo de Cantuária (1033-1109) retomou a tarefa de Santo Agostinho de que a fé deve compreender o que professa (*fides quaerens intellectum*). Contudo, o desempenho dessa tarefa se dá dialeticamente entre a inteligência da fé (patrística) e a razão (escolástica). No fundo, a reflexão teológica não absolutiza um aspecto apenas, mas reconhece a necessidade do movimento intrínseco e dinâmico entre fé e razão:

> os fiéis sempre interiorizam como questão intrínseca à fé aquilo que os não crentes objetam do exterior, como obstáculo a ela. Uns insistem nas razões por que creem; outros nas razões por que não creem. Todos, porém, estão envolvidos na mesma busca racional. (Sesboüé, 2006, p. 78)

Essa busca do intelecto (*intusllegere*) caracteriza-se por ir além de rasas deduções frias e precipitadas, inserindo-se em uma leitura mais profunda do conhecimento humano. Rahner apresenta a teologia em face às exigências da ciência em perspectiva dialógica e propõe uma atitude autônoma da teologia em relação à ciência, tendo em si mesma seus postulados. Segundo Rahner (citado por Mondin, 1979a), é em torno do Mistério da graça que gravita toda a teologia cristã.

3.2 Caráter interdisciplinar

A teologia, além de estar aberta aos outros saberes, utiliza-os na elaboração de seu discurso. O crescimento na busca da especificidade do saber exige simultaneamente a habilidade em conhecer, associar e distinguir suas respectivas interações. Nesse sentido, é fundamental que a teologia dialogue com outras ciências humanas e exatas a fim de proporcionar um crescimento autônomo de cada saber específico, exatamente pelo mútuo estímulo e madura criticidade:

> A relação da teologia com as ciências não é do tipo ditatorial, mas democrático. Ou seja, a teologia serve-se dos recursos das ciências, respeitando sempre sua autonomia específica, mas também reservando-se o direito, que lhe dá a transcendência da fé sobre toda forma de razão, de criticar as pretensões pseudofilosóficas ou pseudoteológicas da chamada razão moderna. (Boff, 2014, p. 67)

A história contada em recorrentes literaturas[2] apresenta momentos de entraves na relação entre fé e razão, ciência e religião. Contudo, um estudo mais apurado do tema demonstra exatamente o contrário.

---

2 Nas obras de John Draper (1811-1882) e Andrew White (1832-1918), há relatos evidentes de muitas lendas modernas de oposição entre ciência e religião, que se disseminaram por todo o século XX.

Corriqueiramente se ouve falar de maneira pejorativa "sobre a Igreja Católica e a Idade Média, mas foi justamente essa instituição que criou as universidades, e durante a Idade Média" (Zabot et al., 2016, p. 69). Para Susin (2006, p. 556), a teologia deve superar os rótulos que a história lhe deu, tanto de rainha, reduzindo todas as ciências a ela, como de gata borralheira, reduzindo-a às outras ciências:

> A "redução da teologia às ciências" foi plausível numa sociedade predominantemente iluminista e positivista. A primeira redução está desconstruída por séculos de crítica e de triunfo do saber científico como experimentação, verificação, pragmatismo. A segunda tem uma história mais recente e ainda incandesce: as ciências humanas e a filosofia contemporânea que não pouparam crueza cirúrgica na "rainha-mãe", para que deixasse de assombrar a autonomia do saber.

Essa realidade se reproduziu em outros momentos históricos da Igreja, inclusive no momento atual contemporâneo. Por essa razão, um saber em diálogo crítico com os outros saberes purifica-se da tentadora pretensão de ser um conhecimento absoluto. Até mesmo a teologia trata do absoluto, mas não é um saber igualável a seu objeto, pois perderia sua natureza epistemológica. Para Libânio e Murad (2003, p. 360), "a teologia é chamada, cada vez mais, a articular seu saber com as ciências humanas, a serviço de uma reflexão mordente, que fale das realidades terrestres e divinas, na perspectiva da fé". Contudo, os autores apontam a necessidade de um aprimoramento dos instrumentos pré-teológicos na relação com as outras ciências, a fim de não desvirtuar "o círculo hermenêutico da fé, condicionando negativamente as conclusões da reflexão teológica" (Libânio; Murad, 2003, p. 359).

Em relação a isso, São João Paulo II, na encíclica *Fides et Ratio* (1998, n. 41), analisa a relação dos Padres da Igreja no período patrístico com as escolas filosóficas, adotadas como instrumento de pré-elaboração do fazer teológico:

> Isto não significa que tenham identificado o conteúdo da sua mensagem com os sistemas a que faziam referência. A pergunta de Tertuliano: "Que têm em comum Atenas e Jerusalém? Ou a academia e a Igreja?" é um sintoma claro da consciência crítica com que os pensadores cristãos encararam, desde as origens, o problema da relação entre a fé e a filosofia, vendo-o globalmente, tanto nos seus aspectos positivos como nas suas limitações. Não eram pensadores ingênuos. Precisamente porque viviam de forma intensa o conteúdo da fé, eles conseguiam chegar às formas mais profundas da reflexão.

Marques, citado por Zabot et al. (2016, p. 72-73), ao relatar um congresso interdisciplinar promovido pelo Faraday Institute for Science and Religion, na Universidade de Cambridge, na Inglaterra, em 2012, destacou a diversidade de cientistas provindos de culturas, áreas do conhecimento e religiões diferentes, inclusive ateus, ambos convictos intelectualmente de que "o ser humano é o maior beneficiado pela promoção de um frutuoso diálogo entre ciência e religião".

Desse modo, uma atitude dialogicamente madura da teologia em relação a outras ciências e outros saberes pode oferecer um contributo significativo de colaboração recíproca, dinâmica e autônoma do saber.

3.3 Caráter hermenêutico

Neste tópico, vamos discutir os elementos que caracterizam a hermenêutica da fé como identidade própria da teologia, uma vez que essa área do conhecimento tem a tarefa de interpretar e apresentar sistematicamente os dados revelados e assimilados no contexto histórico e social atual. Por essa razão, a hermenêutica é necessária para que a teologia não se fixe em uma visão estática e anacrônica da Revelação divina, como a mulher de Ló que olha para trás, põe a mão no arado e agarra-se ao passado, tornando-se uma estátua de sal (Gn 19,26).

As dimensões subjetiva e objetiva estão constantemente presentes na reflexão teológica, assim como em toda a ciência, porque não há neutralidade integral na assimilação dos dados, mas são exigidos alguns princípios que garantam sua cientificidade. De fato, não basta qualquer interpretação, destituída de critérios teológicos preestabelecidos, para uma adequada teologia.

Um aspecto que caracteriza a teologia como ciência é a racionalidade da fé, que desafia os aparentes contrastes entre fé e razão a uma articulada integração em busca do conhecimento teológico (*fides quaerens intellectum*[3]). A Carta de São Pedro enfatiza a importância de que se esteja sempre preparado para responder a qualquer pessoa que venha pedir a razão da nossa esperança, a razão daquilo em que cremos e temos fé (1Pd 3,15). Se, para Pascal[4] (1623-1662), o coração tem razões que a própria razão desconhece, o que dizer da fé e da esperança?

> Portanto, a partir destas colocações, poderíamos afirmar que teologia é um campo específico de conhecimento humano, cujo objeto de estudo, como qualquer outro objeto de estudo das outras áreas ou saberes humanos (*logia*) remete ao conceito de algo que se pretende conhecer inteiramente. Mas, se o objeto das ciências em geral se restringe a algo mensurável e tangível, o mesmo não ocorre com a teologia, afinal, seu fundamento último é Deus, o Ser por excelência intangível e imensurável. Por conta disso, teologia só pode ser um conhecimento mensurável, constatável, tangível e concreto no limite de seu próprio objeto de estudo, que como

---

[3] A fé que busca a inteligência, que busca conhecer. É a célebre expressão de Santo Anselmo de Cantuária (1033-1109).

[4] Blaise Pascal foi um matemático, físico e filósofo francês. É reconhecido por seu trabalho com as ciências naturais e aplicadas e destacou-se por sua contribuição ao método científico. A partir de 1654, dedicou-se à reflexão filosófica e religiosa, sem renunciar ao trabalho científico.

veremos a seguir se resume à fé do indivíduo humano. (Rossi; Vieira, citados por Sanches, 2009, p. 14)

Se o conhecimento teológico é proporcional ao limite de seu próprio objeto e a seu fundamento último, em Deus, que transcende todas as coisas, fica evidente que esse conhecimento não é completo e acabado e, por isso, exige constantemente um exercício existencial do intelecto e do coração em torno do tema a que se propõe a refletir e aprofundar. Esse aprofundamento se dá pela via de uma hermenêutica criteriosamente adequada aos conteúdos da fé. De acordo com Sinner (2007, p. 59), "o estudo da teologia é um laboratório [...] onde se pode explorar, sem ter que decidir tudo de imediato, quais seriam as melhores palavras para dar expressão àquilo que não tem palavras, ultimamente – mas que representa 'a Palavra'". De fato, o autor prossegue destacando que a teologia acadêmica precisa de fundamentos teóricos para as suas argumentações, tendo de "explorar a gramática da fé, isto é, um conjunto de regras que norteiam nossas afirmações".

3.4 Riscos de uma descaracterização da teologia

Ao se utilizar de um velho conto germânico – "Joãozinho, o felizardo", dos irmãos Grimm[5] –, Ratzinger (1970, p. 6) faz uma reflexão sobre o sentido da fé e seu conteúdo no mundo atual. Cercada por um clima de incertezas e inseguranças, diante de constantes descobertas e novidades, a teologia é desafiada a discernir se tudo o que é novo de fato é melhor e verdadeiro:

---

5 Os irmãos Grimm foram dois irmãos alemães, ambos linguistas, escritores e poetas que se dedicaram ao registro de várias fábulas infantis e ganharam grande notoriedade no mundo todo.

> Era uma vez, assim reza a lenda, um Joãozinho possuidor de uma riquíssima pepita de ouro. Mas, feliz e comodista, julgou-a pesada demais, trocando-a por cavalo; o cavalo por uma vaca, a vaca foi barganhada por um ganso e o ganso por uma pedra de amolar; finalmente a pedra foi lançada ao rio, sem que o dono se achasse muito prejudicado. Pelo contrário, acreditou ter finalmente conquistado o dom mais precioso da liberdade completa: livre da sua pepita, livre do cavalo, da vaca, do ganso e da pedra de afiar. Quanto tempo teria durado o seu fascínio? Quão tenebroso lhe foi o despertar na estória de sua presumida libertação? A fábula silencia sobre isso, deixando-o por conta da fantasia de cada leitor.

Observe que a rápida troca de um bem por outro se encerra em nada. Fica evidente que a personagem do conto, o Joãozinho, quer apenas livrar-se do peso e do cansaço de carregar um bem, buscando vantagens na troca por outro. No entanto, seu espírito aventureiro e negociador escondia um comodista de mão cheia, que na verdade não estava disposto a manter bem algum sob seu cuidado e responsabilidade ou em empenhar-se em carregá-lo consigo. Ratzinger sugere, com esse conto, que a teologia corre o risco de ser minimizada em sua exigência e esvaziada em sentido sempre mais aberto em virtude da constante troca de novidades, e "acabará detendo entre as mãos, em lugar da pepita de ouro, uma simples pedra de amolar, que poderá sossegadamente jogar no fundo de um rio" (Ratzinger, 1970, p. 6). Por outro lado, evitar o encontro com o novo e negar a necessidade de uma atualização dos conteúdos da fé também representa um risco, talvez mais danoso que o primeiro, que é a fixação rígida e imóvel da fé, tornando o estudo e a própria vivência teológica anacrônica e fundamentalista por carecer de uma boa hermenêutica e de uma adequada leitura e releitura da realidade à luz da fé.

Até agora, discutimos a necessária integração do intelecto ao coração. Falar de teologia como ciência é garantir seu estatuto epistemológico, que perpassa e exige o empenho da existência para a feitura de uma autêntica teologia. Nessa perspectiva, o Papa Francisco, em sua exortação apostólica *Gaudete et Exsultate: sobre a chamada à santidade no mundo atual*, chama a atenção para dois grandes perigos: o gnosticismo[6] e o pelagianismo[7] da fé. Ambos foram danosas heresias na história do cristianismo, que voltam à tona e devem ser desmascaradas. O primeiro perigo é o gnosticismo, que consiste em um raciocínio mais teórico e menos prático:

> Com efeito, também é típico dos gnósticos crer que eles, com as suas explicações, podem tornar perfeitamente compreensível toda a fé e todo o Evangelho. Absolutizam as suas teorias e obrigam os outros a submeter-se aos raciocínios que eles usam. Uma coisa é o uso saudável e humilde da razão para refletir sobre o ensinamento teológico e moral do Evangelho, outra é pretender reduzir o ensinamento de Jesus a uma lógica fria e dura que procura dominar tudo. (GE, 2018, n. 39)

A postura de absolutizar a razão no exercício da reflexão e interpretação dos dados da fé, em vez de iluminar, assombra e mata a teologia do Deus vivo e verdadeiro, sempre presente – nos dois sentidos da palavra – no meio de nós.

O segundo perigo é o inverso do primeiro, o pelagianismo, que coloca toda a sua ênfase e primazia na vontade humana e dispensa o papel da graça divina em nossa vida, tornando-a coadjuvante em todo o processo da fé. Nesse sentido, o Papa Francisco responde com o próprio Catecismo da Igreja Católica:

---

6 "O gnosticismo supõe uma fé fechada no subjetivismo, onde apenas interessa uma determinada experiência ou uma série de raciocínios e conhecimentos que supostamente confortam ou iluminam, mas em última instância a pessoa fica enclausurada na imanência de sua própria razão ou dos seus sentimentos" (GE, 2018, n. 36).

7 "Com efeito, o poder que os gnósticos atribuíam à inteligência, alguns começaram a atribuí-lo à vontade humana, ao esforço pessoal. Surgiram, assim, os pelagianos e os semipelagianos. Já não era a inteligência que ocupava o lugar do Mistério e da graça, mas a vontade. Esquecia-se que 'isto não depende daquele que quer nem daquele que se esforça por alcançá-lo, mas de Deus, que é misericordioso' (Rm 9,16) e que Ele 'nos amou primeiro' (1Jo 4,19)" (GE, 2018, n. 48).

> Também o Catecismo da Igreja Católica nos lembra que o dom da graça "ultrapassa as capacidades da inteligência e as forças da vontade humana" e que, "em relação a Deus, não há, da parte do homem, mérito no sentido dum direito estrito. Entre ele e nós, a desigualdade é sem medida". A sua amizade supera-nos infinitamente, não pode ser comprada por nós com as nossas obras e só pode ser um dom da sua iniciativa de amor. Isto convida-nos a viver com jubilosa gratidão por este dom que nunca mereceremos, uma vez que, "depois duma pessoa já possuir a graça, não pode a graça já recebida cair sob a alçada do mérito". (GE, 2018, n. 54)

Desse modo, para que a teologia não se torne uma caricatura medieval ou perca totalmente seus contornos em um rosto surreal, é necessário respeitar os procedimentos comuns a todas as ciências, a fim de garantir sua cientificidade; e não perder como base primordial o fundamento sobre o qual o edifício teológico se constrói: Jesus Cristo, o Evangelho do Pai revelado nas Escrituras e na Tradição.

3.5 A teologia dos grandes teólogos

Nesta seção, discutiremos a teologia tratada e desenvolvida em sua cientificidade com base em dois grandes teólogos que, em meio aos percalços históricos de suas épocas e das subsequentes, souberam fazer teologia de fato, deixando-a como dom perene de análise e reflexão. A ciência, em qualquer área do conhecimento, deve ser estudada e conhecida também por seus expoentes. Sem dúvida, é indispensável conhecer e aprofundar o pensamento teológico pela via dos grandes nomes da teologia, contextualizados em seus períodos históricos.

Os dois estudiosos que destacamos são Santo Agostinho de Hipona e Santo Tomás de Aquino, pelas seguintes razões: a primeira é a abundância e relevância de suas obras, e a segunda é seu pujante impacto histórico. Obviamente, há muitos outros nomes de peso que são referência indispensável na teologia. Entretanto, é fundamental destacarmos o legado teológico herdado dos dois eminentes doutores da Igreja.

Assim como no período patrístico e escolástico, na modernidade, e sobretudo na contemporaneidade, surgiram grandes expoentes da teologia. Contudo, não trataremos de todos eles aqui, pois parece mais desafiador, tendo em vista a proximidade histórica, definir apenas um nome em destaque na teologia. Sem dúvida, há um florescimento da teologia cristã com teólogos de profícua produção teológica. Battista Mondin elaborou a obra *Os grandes teólogos do século vinte*, na qual seleciona e apresenta os teólogos desse século, com informações biográficas, resumo das obras mais importantes e análise dos princípios de cada paradigma teológico. Dividida em dois volumes, o primeiro trata dos teólogos católicos (K. Rahner, Von Balthasar, Y. Congar, R. Guardini, Daniélou, Chenu e T. de Chardin), e o segundo, dos teólogos protestantes (K. Barth, P. Tillich, Cullman e Bultmann) e ortodoxos (Evdokimov, Bulgakov, Lossky e Florovosky).

O que fica evidente é a referência desses autores contemporâneos aos teólogos clássicos como Santo Agostinho e Santo Tomás de Aquino, reforçando o destaque que daremos a eles a seguir.

3.5.1 Santo Agostinho[8]

Aurelius Augustinus (Aurélio Agostinho) nasceu em Tagaste, ao norte da África, em 13 de novembro de 354 d.C., Filho primogênito de Patrício e Mônica, ele um pagão que se converteu no fim da vida e ela uma fervorosa cristã que sempre intercedeu pela conversão do filho. Africano de nascimento, romano pela cultura e uso da língua e cristão

---

8 Elaborado com base em Marçal (2009).

pela educação recebida da mãe. Em busca da verdade, entregou-se aos estudos e aprende a ciência de seu tempo, tornando-se professor de retórica em Cartago, Roma e Milão. Em Milão, no outono de 386 d.C., com as homilias de Santo Ambrósio e o novo encontro com as Escrituras, ocorreu a conversão de Agostinho. Em 387 d.C., exatamente na vigília pascal, ele foi batizado por Santo Ambrósio. Em 391 d.C., Agostinho é proclamado presbítero pelo povo e, cinco anos mais tarde, os cristãos de Hipona o apresentam para o episcopado. Após um período atuando como bispo, morre em 28 de agosto de 430, aos 76 anos.

Os escritos de Santo Agostinho compõem textos filosóficos, apologéticos, doutrinais, morais, monásticos e exegéticos. Entre eles, alguns merecem destaque por seu grande alcance teológico e filosófico, como a obra *Confesiones* (Confissões), uma autobiografia na forma de um diálogo com Deus. *De civitate Dei* (A Cidade de Deus) destaca-se por sua importância no desenvolvimento do pensamento político ocidental e na visão histórica da teologia cristã. *De Trinitate* (A Trindade) é uma obra de cunho altamente teológico acerca da Trindade. Destacam-se, ainda, *De Doctrina Christiana* (A Doutrina Cristã); as obras em caráter exegético, como os comentários sobre o Gênesis, os Salmos, a Carta aos Romanos e uma série de outras cartas e sermões.

A teologia agostiniana não marcou apenas o período patrístico, mas também adentrou a Idade Média e tornou-se uma referência para a teologia de todos os tempos. Tendo a filosofia neoplatônica como base do pensamento agostiniano, o doutor da graça soube, com maestria, desempenhar sua reflexão teológica no vigor da razão e no ardor da fé. Segundo Pinheiro (2008), academicamente, Santo Agostinho é o autor sobre o qual mais se escreve em teses, dissertações, monografias e artigos, assim como também é o Padre da Igreja mais citado nos documentos conciliares do Vaticano II. O Papa Bento XVI traz em seu brasão papal uma alusão simbólica referente ao diálogo sobre a Trindade, de Agostinho com o menino, à beira da praia.

A máxima da teologia agostiniana *crede ut intelligas* e *intellige ut credas*, que significa "crê para compreender e compreende para crer", expressa o necessário diálogo entre a fé e a razão como duas forças dinâmicas que elevam o conhecimento humano. Papa Bento XVI apresenta Santo Agostinho em uma de suas catequeses e destaca a relação entre a fé e a razão como síntese de sua busca pela verdade:

> Assim, todo o percurso intelectual e espiritual de Santo Agostinho constitui um modelo válido também hoje na relação entre fé e razão, tema não só para homens crentes, mas para cada homem que procura a verdade, tema central para o equilíbrio e o destino de cada ser humano. [...]. Como escreveu o próprio Agostinho, depois da sua conversão, fé e razão são "as duas forças que nos levam a conhecer" (Contra Acadêmicos, III, 20, 43). A este propósito permanecem justamente célebres as duas fórmulas agostinianas (Sermones, 43, 9) que expressam esta síntese coerente entre fé e razão: *crede ut intelligas* ("crê para compreender"), o crer abre o caminho para passar pela porta da verdade, mas também, e inseparavelmente, *intellige ut credas* ("compreende para crer"), perscruta a verdade para poder encontrar Deus e crer. (Bento XVI, 2008)

As reflexões teológicas de Santo Agostinho giram em torno dos temas da liberdade e da graça, do pecado e do mal. O ponto nevrálgico da questão agostiniana está na afirmação de um Deus único, infinitamente bom e criador de todas as coisas e na existência do mal e do pecado presente no ser humano criado à imagem e semelhança de Deus. Para Santo Agostinho, Deus é o supremo bem; o mal é a ausência de Deus, como distanciamento ou negação desse sumo bem. Nesse sentido, o mal não é considerado criação de Deus, mas carência do bem. Para o religioso, o livre-arbítrio se dá no exercício da liberdade, a qual só é autêntica quando escolhemos o bem, pois a escolha pelo mal decorre do aprisionamento das paixões que nos escravizam.

Em síntese, sua busca pessoal apoia-se em Deus como fundamento absoluto do acesso à verdade. E é com base nesse pressuposto teológico que toda a sua reflexão filosófica se desenvolve.

3.5.2 Santo Tomás de Aquino[9]

Tomás de Aquino nasceu em 1225, no condado de Aquino, na Itália, e teve uma exímia educação. Estudou no Mosteiro da Ordem de São Bento e na Abadia de Roccasecca, posteriormente cursou a faculdade de artes na Universidade de Nápoles. Aos 19 anos, sofrendo forte resistência da família, ingressou na Ordem dos Dominicanos, em Paris, na França, e ali desenvolveu-se espiritual e intelectualmente. Em Colônia, na Alemanha, aproximou-se ainda mais de Santo Alberto Magno (1206-1280), professor catedrático de Teologia. Em 1252, retornou para Paris a fim de especializar-se em Teologia e iniciou a carreira de professor, destacando-se em outras cidades da Itália, como Roma, Nápoles e Orvietto. Faleceu aos 49 anos, na cidade de Fossanova, na Itália, em 1274.

Entre as principais obras do doutor angélico, destacam-se a *Summa contra Gentiles* (Suma contra os gentios); a *Summa Theologiae* (Suma teológica), obra-prima do autor; e o *Compendium Theologiae* (Compêndio de teologia), que permaneceu inacabado em virtude de sua morte repentina. São João Paulo II, na encíclica *Fides et Ratio* (Fé e razão, 1998, n. 43), afirma que "São Tomás foi sempre proposto pela Igreja como mestre de pensamento e modelo quanto ao reto modo de fazer teologia".

Se Santo Agostinho baseou sua reflexão filosófica em Platão e Plotino, Santo Tomás de Aquino adotou em Aristóteles sua base

---

9 Elaborado com base em Marçal (2009).

filosófica, da qual tomou as estruturas de linguagem como manifestação sistemática da racionalidade do dado revelado. Para ilustrar, veja como ele apresenta sistematicamente as cinco vias da existência de Deus e explica as coerências racionais para sua afirmação teológica (Tomás de Aquino, 2020):

Figura 3.1 – As cinco vias da existência de Deus

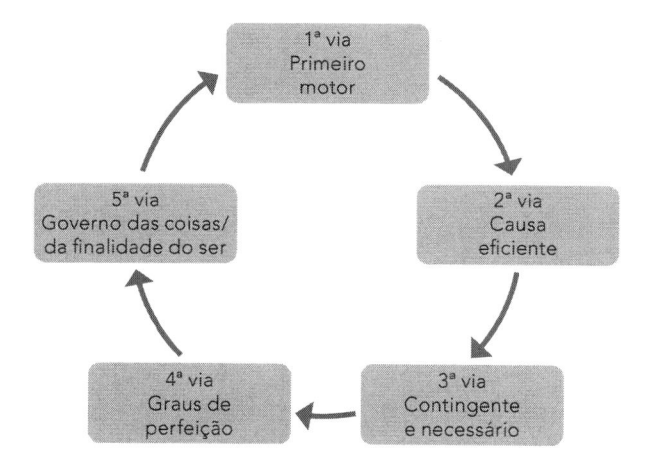

- 1ª via: Primeiro motor
- 2ª via: Causa eficiente
- 3ª via: Contingente e necessário
- 4ª via: Graus de perfeição
- 5ª via: Governo das coisas/ da finalidade do ser

- **1ª via**: apresenta Deus como o primeiro motor, não movido por outro sequer, mas que, precedendo a tudo, move todas as coisas. Nessa perspectiva, entende-se que no mundo as coisas são movidas e esse movimento é acionado por algo, um princípio que se move por si mesmo. Logo, esse primeiro motor não movido por outro é Deus.
- **2ª via**: apresenta Deus como a causa eficiente da qual tudo depende para agir e existir. Nessa perspectiva, entende-se que no mundo todas as coisas têm uma causa eficiente, mas nada pode ser a causa eficiente de si mesmo. Não é possível que se proceda até o infinito nas causas eficientes. Se regressarmos na relação causa e efeito, chegaremos a

uma causa primeira não subordinada e não causada. Logo, existe uma causa primeira eficiente, que é Deus.

- 3ª via: apresenta Deus como necessário, que tem em si a razão absoluta de sua existência. Nessa perspectiva, entende-se que no mundo há coisas contingentes, que existem mas poderiam não existir por não ter em si a razão de sua existência. É preciso que algo seja necessário entre as coisas, pois não é possível que se proceda ao infinito nas coisas necessárias. Logo, existe um primeiro necessário, que é Deus.
- 4ª via: apresenta Deus como grau superior de perfeição absoluta. Nessa perspectiva, entende-se que no mundo as coisas têm diferentes graus de perfeição, que são atribuídos em relação à proximidade do grau máximo. O grau máximo de um gênero é a causa de todas as coisas. Logo, há algo que é a causa da existência para todas as coisas, que é Deus.
- 5ª via: apresenta Deus como inteligência criadora e ordenadora de todas as coisas. Nessa perspectiva, entende-se que no mundo algumas coisas operam por uma finalidade. Essas coisas não atingem o fim por acaso, pois não tendem para um fim a não ser que estejam sendo dirigidas por algo com inteligência sublime. Logo, existe algo inteligente, que é Deus, que dirige as coisas a um fim.

Santo Tomás de Aquino apresenta, na primeira questão da *Suma Teológica* (arts. 3-5), os aspectos que definem a teologia como ciência: ela goza de unidade, cujos objetos partem em comum da Revelação; tem caráter especulativo e, ao mesmo tempo, prático, superando dessa forma as demais ciências; e visa à bem-aventurança, pretendendo ser também uma sabedoria. Para clarear a compreensão, ele faz uma analogia para ilustrar de que modo a teologia é ciência:

> A doutrina sagrada é ciência. Porém, cumpre saber que há dois gêneros de ciências. Umas partem de princípios conhecidos à luz natural do intelecto, como a aritmética, a geometria e semelhantes.

> Outras provêm de princípios conhecidos por uma ciência superior; como a perspectiva, de princípios explicados na geometria; e a música, de princípios aritméticos. E deste modo é ciência a doutrina sagrada, pois deriva de princípios conhecidos à luz duma ciência superior, a saber: a de Deus e dos santos. Portanto, como aceita a música os princípios que lhe fornece o aritmético, assim a doutrina sagrada tem fé nos princípios que lhe são por Deus revelados. (Tomás de Aquino, Suma Teológica, q. 1, art. 2,2)

Como se pode ver, Santo Tomás de Aquino desenvolveu uma teologia fundamentada na Revelação, valendo-se das estruturas racionais da filosofia aristotélica. Segundo o grande teólogo, a fé não anula a razão e a razão por si só não presume alcançar a fé ou igualar-se a ela (Sesboüé, 2006). É nessa sinfonia tomista que a teologia avança em sua cientificidade.

Síntese

Neste capítulo, analisamos a teologia como ciência em sua especificidade. Para tanto, discutimos o caráter epistemológico, interdisciplinar e hermenêutico da teologia e as possíveis descaracterizações de uma autêntica teologia, encerrando com o tema da teologia dos grandes teólogos.

O caráter epistemológico parte de critérios próprios de qualquer ciência: um objeto de estudo e um método definido, com objetividade e coesão nas proposições apresentadas; e se especifica na teologia por sua natureza pautada no Deus revelado, o que a diferencia das demais ciências. O caráter interdisciplinar da teologia enfatiza a necessidade do diálogo com outros saberes como fonte de crescimento autônomo e recíproco ao proporcionar a habilidade de conhecer, associar e distinguir as ciências entre si. O caráter hermenêutico da fé pressupõe trazer os elementos que definem a identidade própria da teologia na sua tarefa de interpretar e expor sistematicamente os dados revelados. Falar em hermenêutica exige sinalizar as dimensões subjetiva e objetiva de todo conhecimento humano, que não é neutro, mas requer alguns princípios que garantam sua cientificidade. Por isso, na teologia é imprescindível conhecer os critérios teológicos preestabelecidos para uma adequada hermenêutica teológica.

Discutimos, ainda, os eventuais riscos de uma descaracterização da teologia, quando se absolutiza a razão ou o coração. O primeiro acentua uma postura gnóstica da fé, de cunho racionalista, fria e sem vida, ou até mesmo uma postura pelagiana, que pode sondar alguns que se embrenham no caminho do estudo teológico sem considerar a necessária integração do intelecto e do coração, entre a fé e a razão. O segundo risco ocorre quando se acentua demasiadamente o coração, esquecendo-se de que há um órgão em cima do pescoço capaz de pensar criticamente.

Por fim, refletimos sobre a teologia como ciência tendo como referência o pensamento de dois grandes teólogos, Santo Agostinho de Hipona e Santo Tomás de Aquino, ambos de envergadura histórica que permanecem como referência para o conhecimento teológico. Evidentemente, há outros teólogos de peso, mas os dois nomes trazidos são suficientes para reconhecermos a cientificidade da teologia em virtude da relevância intelectual de seu conteúdo.

Atividades de autoavaliação

1. Analise as afirmações a seguir e indique se são verdadeiras (V) ou falsas (F) no que se refere à teologia como ciência:
   ( ) Embora a teologia atualmente seja considerada uma ciência, não deveria o ser, em virtude de seu objeto ser Deus, algo empiricamente imensurável.
   ( ) A teologia é uma ciência, pois conta com um procedimento sistemático e com uma metodologia própria do rigor científico.

Contudo, ela apresenta pontos distintos das outras ciências, uma vez que parte de um processo positivo do conhecimento e busca primariamente a Revelação, que já é dada e não criada da forma que se deseja, aleatoriamente.

( ) A teologia é uma pseudociência, pois no campo científico a fé não encontra espaço. Portanto, postular a teologia como ciência é um erro grave.

( ) A teologia é uma ciência, contudo não se pode engessar sua produção ao recinto da ciência, formatada na modernidade aos moldes da razão instrumental. A teologia dá um passo à frente ao fazer uso de todas as faculdades humanas sob o influxo da graça.

Assinale a alternativa que representa a sequência correta:
a) F, V, F, V.
b) F, F, V, V.
c) F, V, V, F.
d) V, F, V, V.
e) V, V, V, V.

2. Leia as afirmações a seguir e assinale a alternativa correta:
a) A teologia, como qualquer outra ciência, não pode basear sua natureza na Revelação como autocomunicação divina que se estabelece como princípio teológico. Por isso, deve buscar outro fundamento que a sustente como um saber verdadeiramente científico.
b) Em toda ciência verdadeira, o pesquisador debruça-se sobre o objeto a fim de extrair seu conhecimento. Como a teologia não conta com um objeto mensurável, o teólogo não tem sobre o que debruçar-se, logo, é inviável fazer ciência teológica.
c) A teologia é ciência no sentido comum do termo, pois é um saber de rigor científico, que se realiza com criticidade, método

e sistematização. Entretanto, a teologia não se restringe a isso, pois também é uma ciência afetiva, experiencial, sapiencial e espiritual.

d) Para se fazer uma teologia autêntica, basta rigor no método de estudo do objeto. A tentativa de inserir o fervor, o afeto e a fé na teologia é um atestado de falência dessa ciência, já muito malvista por outras ciências.

e) Nenhuma das alternativas está correta.

3. Leia o trecho a seguir e analise as afirmações:

> A teologia representa o saber mais elevado, a ciência soberana, a sabedoria absoluta. Sua excelência provém do fato de que considera a realidade absoluta que é Deus, objeto máximo do pensar humano e objeto derradeiro do mundo.
>
> O lugar da teologia entre as ciências, e por consequência na "casa das ciências", a universidade, se justifica por isto: o ser parcial, que cada ciência tematiza, remete finalmente a um fundamento e sentido absoluto. Assim, toda ciência do condicional permanece aberta à ciência do incondicional. Por sua parte, a teologia está aberta às demais ciências, pois precisa delas para se constituir como discurso concreto. (Boff, 2014, p. 67)

I. A teologia, sendo soberana, não deveria submeter-se a ouvir outras ciências.

II. A teologia não se relaciona com as outras ciências de forma ditatorial e as inclui de forma democrática.

III. A teologia serve-se dos vários recursos de outras ciências, mas também mantém sua autonomia e respeita a autonomia das demais ciências, inclusive tomando a liberdade de dispor de uma crítica construtiva quando necessário.

IV. As outras ciências deveriam voltar à sua condição de servas da teologia, rainha de todas.

V. O uso de outras ciências na construção do saber teológico não deve ser ingênuo, pois a teologia dispõe também do que contribuir, em um diálogo crítico, com o aperfeiçoamento das demais ciências.

Assinale a alternativa correta:
a) Apenas as afirmativas II, III e V estão corretas.
b) Apenas as afirmativas I, II e IV estão corretas.
c) Apenas as afirmativas III e V estão corretas.
d) Apenas as afirmativas III e IV estão corretas.
e) Todas as afirmativas estão corretas.

4. Indique a afirmação correta no que se refere ao caráter hermenêutico da fé:
a) Sendo Deus o objeto e o fundamento último da teologia, fica evidente que esse conhecimento não é completo e acabado. Por isso, há a necessidade de sempre renovar o aprofundamento daquilo que se quer conhecer, por meio de uma hermenêutica criteriosamente adequada aos conteúdos da fé.
b) As dimensões subjetiva e objetiva estão constantemente presentes na reflexão teológica, assim como em toda a ciência, porque não há neutralidade integral na assimilação dos dados.
c) A hermenêutica é necessária para que a teologia não se fixe a uma visão estática e anacrônica da Revelação divina.
d) O caráter hermenêutico da fé pressupõe trazer os elementos que definem a identidade própria da teologia na sua tarefa de interpretar e expor sistematicamente os dados revelados.
e) Todas as alternativas estão corretas.

5. Indique a afirmação correta no que se refere aos riscos de uma descaracterização da teologia:
   a) Diante dos desafios contemporâneos, do clima de incertezas e inseguranças e das constantes descobertas e novidades, a teologia deve entrincheirar-se e salvar o que resta da fé dos cristãos.
   b) A teologia cristã deveria rasgar sua tradição bimilenar e aderir sem reservas às novidades, tornando-a mais aceitável entre as outras ciências.
   c) Trocar insaciavelmente elementos essenciais da teologia por novidades ou, ainda, negar a necessidade de atualização dos conteúdos da fé são riscos danosos. A primeira atitude esvazia a fé, e a segunda fixa rigidamente a fé em um passado triunfal, tornando-a incompreensível às pessoas deste tempo.
   d) Gnosticismo e pelagianismo são duas correntes cristãs malvistas na história, mas elogiadas pelo Papa Francisco na exortação apostólica *Gaudete et Exsultate*.
   e) Todas as alternativas estão corretas.

Atividades de aprendizagem

Questões para reflexão

1. Passos (2010, p. 34-35) discute as estranhezas da teologia em tempos de rupturas e desafios. Para refletir sobre o tema, leia o trecho a seguir:

   > Uma coisa é estranha quando pertence a uma configuração sociocultural desconhecida, situada, portanto, em espaços ou tempos distantes daqueles vivenciados por um determinado grupo humano. Mas pode também tornar-se estranha na medida em que se oculta esotericamente no interior de um determinado grupo social, perdendo sua visibilidade no conjunto maior da sociedade.

Pode ainda ser estranho um fato ou coisa que se mostrem sem nexo de causa e efeito para quem os observa. A estranheza da teologia se deve um pouco a cada um desses casos. É, de fato, um tipo de conhecimento que vem do passado e que ainda não encontrou seu lugar dentro das ciências modernas. Por isso mesmo, permaneceu, e de certo modo ainda permanece, reclusa aos espaços confessionais como um conhecimento especializado de domínio de clérigos e religiosos. Por conseguinte, a sociedade de um modo geral não vê nem necessidade nem nexo nesse tipo de conhecimento, uma vez que "religião não se discute".

Sobretudo para a comunidade científica, a teologia é vista como uma falsa ciência, relegada à condição estrita de religiosidade (coisas de foro íntimo) ou de religião (coisa das Igrejas) e, portanto, sem lugar na academia. No caso brasileiro, o fato torna-se ainda mais nítido, uma vez que somente em 1999 a teologia foi reconhecida legalmente como curso superior. A universidade brasileira foi instituída e consolidada sem a presença da teologia, mesmo a Igreja Católica gozando de uma posição social, política e cultural relevante na sociedade brasileira.

Contudo, mesmo permanecendo fora desse cenário dos saberes legítimos, a teologia teve, de fato, uma função importante na formação cultural nacional, como referência na formação dos clérigos e, por consequência, nas expressões religiosas populares, historicamente reproduzidas pelo povo no decorrer da história. No catolicismo popular de ontem e de hoje e nos pentecostalismos de hoje subsistem compreensões e conceitos teológicos, ainda que não explicitados conscientemente.

A teologia é, na verdade, estranha às instituições modernas edificadas sobre o princípio da laicidade, ainda que na intimidade dessas mesmas instituições tenha exercido direta ou indiretamente influências, seja nos acordos firmados entre Igreja e Estado, seja como valores culturais reproduzidos pelas próprias instituições:

2. Leia o trecho a seguir da Carta Encíclica *Fides et Ratio*, de João Paulo II (1998, n. 36):

> Os Atos dos Apóstolos testemunham que o anúncio cristão se encontrou, desde os seus primórdios, com as correntes filosóficas do tempo. Lá se refere a discussão que S. Paulo teve com "alguns filósofos epicuristas e estóicos" (17, 18). A análise exegética do discurso no Areópago evidenciou repetidas alusões a ideias populares, predominantemente de origem estóica. Certamente isso não se deu por acaso; os primeiros cristãos, para se fazerem compreender pelos pagãos, não podiam citar apenas "Moisés e os profetas" nos seus discursos, mas tinham de servir-se também do conhecimento natural de Deus e da voz da consciência moral de cada homem (cf. Rom 1, 19-21; 2, 14-15; At 14, 16-17). Como, porém, na religião pagã, esse conhecimento natural tinha degenerado em idolatria (cf. Rom 1, 21-32), o Apóstolo considerou mais prudente ligar o seu discurso ao pensamento dos filósofos, que desde o início tinham contraposto, aos mitos e cultos mistéricos, conceitos mais respeitosos da transcendência divina.
>
> De fato, um dos cuidados que mais a peito tiveram os filósofos do pensamento clássico, foi purificar de formas mitológicas a concepção que os homens tinham de Deus. Bem sabemos que a religião grega, como grande parte das religiões cósmicas, era politeísta, chegando a divinizar até coisas e fenômenos da natureza. As tentativas do homem para compreender a origem dos deuses e, nestes, a do universo tiveram a sua primeira expressão na poesia. As teogonias permanecem, até hoje, o primeiro testemunho desta investigação do homem. Os pais da filosofia tiveram por missão mostrar a ligação entre a razão e a religião. Estendendo o olhar para os princípios universais, deixaram de contentar-se com os mitos antigos e procuraram dar fundamento racional à sua crença na divindade. Embocou-se assim uma estrada que, saindo das antigas tradições particulares, levava a um desenvolvimento que correspondia às exigências da razão universal. O fim que tal desenvolvimento

tinha em vista era a verificação crítica daquilo em que se acreditava. A primeira a ganhar com esse caminho feito foi a concepção da divindade. As superstições acabaram por ser reconhecidas como tais, e a religião, pelo menos em parte, foi purificada pela análise racional. Foi nesta base que os Padres da Igreja instituíram um diálogo fecundo com os filósofos antigos, abrindo a estrada ao anúncio e à compreensão do Deus de Jesus Cristo.

Reflita sobre esse texto e, com base no que já aprendeu, registre sua opinião sobre como o teólogo pode conciliar a teologia com as demais ciências.

Atividade aplicada: prática

1. Ao estudar os riscos de uma descaracterização da teologia, você conheceu duas heresias danosas ao cristianismo e que, segundo o Papa Francisco, "continuam a ser de alarmante atualidade" (GE, 2018, n. 35). Leia o Capítulo 2 ("Dois inimigos sutis da santidade") da exortação apostólica *Gaudete et Exsultate* (documento disponível gratuitamente no *site* do Vaticano) e elabore um fichamento.

4
Método da teologia

É necessário, no estudo científico de qualquer área do conhecimento, um método ou uma metodologia. Mas, afinal, o que significa *método*? O que é uma metodologia? A palavra *método* vem do grego *meth* (meta, meio, através) + *odos* (caminho) e significa "ordenação de tarefas, procedimentos ou etapas para atingir uma meta, um fim", ou ainda "obra que reúne de maneira lógica os elementos de uma ciência" (Larousse, 1999, p. 744). Assim, a metodologia compreende o estudo dos métodos na investigação de um saber científico (Larousse, 1999). De acordo com Chenu, citado por Mondin (1979a, p. 136), "em uma boa metodologia, distinguir entre ciência e sistemas significa situar-se no justo ponto de equilíbrio em que se revela a discrição do teólogo, na confluência entre as suas duas convicções e os seus dois fervores: a autoridade do dado e a construção especulativa".

Talvez você se pergunte se a teologia tem apenas um método de investigação dos dados revelados. Obviamente, não. Quando se fala de teologia de modo amplo em seus diversos níveis de linguagem e conhecimento, sabe-se que os caminhos de acesso são amplos. Contudo, do ponto de vista teológico-científico, nesta obra adotamos um método por excelência, ou seja, um caminho privilegiado. Trata-se do caminho no qual o teólogo deve trilhar sua busca para chegar a um conhecimento de Deus mais aproximado. Tal ousadia na teologia cristã é mediada por Jesus Cristo, o caminho que conduz ao Pai (Jo 14,6). Nessa proposição, vale a observação assertiva de Boff (2014, p. 11) a respeito do método teológico, o qual "não se ocupa diretamente com o conteúdo da teologia (teorias), mas com a sua forma, seu processo, sua prática. Ela não ensina teologias feitas, mas ensina a fazer teologia".

Neste capítulo, você conhecerá os três movimentos do método teológico: *auditus fidei*[1], *intellectus fidei*[2] e *applicatio fidei*[3]. Eles são os passos vitais de uma teologia humilde (porque sabe escutar), reflexiva (porque sabe pensar) e atual (porque sabe atualizar e aponta pistas de ação). Nesse movimento dinâmico e cíclico, a racionalidade da fé pulsa vida incessante. Por fim, serão tratados os métodos indutivo (*fides qua*) e dedutivo (*fides quae*), que sintetizam os diversos métodos em duas grandes correntes teológicas.

---

1 Escuta da fé, ouvir a fé.
2 Intelecção da fé, reflexão especulativa da fé.
3 Atualização da fé, a fé aplicada à realidade.

4.1 Primeiro movimento: auditus fidei

O *auditus fidei* consiste em uma atenta escuta da Revelação, que se dá ao longo da Tradição e da reflexão teológica. Segundo Boff (2014), o *auditus fidei* é um movimento teológico *ad extra* por acessar o conteúdo da fé nas Sagradas Escrituras, na Tradição e no Magistério. A coleta dos dados revelados se faz na Bíblia, na patrística, nos concílios, no Magistério, na história da Igreja, na experiência de fé, nos grandes teólogos e na reflexão teológica mais atual. Em outras palavras, são esses lugares teológicos[4] apresentados por Melchior Cano[5] (1509-1560) que se apresentam como instâncias de argumentação da teologia (Sesboüé, 2006). Contudo, sua metodologia é limitada, uma vez que não realiza a tarefa teológica por completo. Segundo Boff (2014, p. 205), "para chegar à 'diferença teológica' não basta ajuntar materiais, embora pondo-os em ordem. É preciso ainda levantar efetivamente a construção a partir de um plano ordenado, criativo e voltado para a realidade".

O foco desse primeiro movimento interno da teologia implica a tomada de conhecimento e no levantamento de dados em torno do tema. Também é conhecido como o momento positivo da teologia,

---

4 Boff (2014) divide esses lugares teológicos em três blocos e, para uma *auditus fidei*, assinala-os como testemunhos primários (Escritura e Tradição), testemunhos secundários (senso dos fiéis, Magistério episcopal e pontifício, Padres da Igreja e teólogos) e testemunhos alheios (religiões não cristãs, filosofias e concepções de mundo, razão natural, história da Igreja e da humanidade e sinais dos tempos).

5 Melchior Cano (1509-1560), teólogo dominicano, participou dos trabalhos do Concílio de Trento a partir de 1551. Em 1563, um ano depois de encerrado o concílio, foi publicada sua obra póstuma sobre metodologia teológica. Embora inacabada, influenciou decisivamente a teologia moderna. Cano sabia que estava inovando ao escrever um trabalho sistemático sobre um tema até então nunca tratado formalmente. Essa obra é intitulada *De locis theologicis* (Os lugares teológicos). Santo Tomás de Aquino já havia usado o termo *lugar*, à semelhança dos *topoi* da lógica racional. Melchior Cano, porém, entende por *lugar teológico* uma referência autorizada para a definição da doutrina cristã (Sesboüé, 2006).

porque ela é chamada a colocar-se em atitude humilde de escuta: "ouve Israel" (Dt 6,4). Essa é a atitude primária do ato de fé e da própria teologia, cuja razão baseia-se no testemunho da Palavra.

Esse momento demanda saber escutar a fé revelada nos dados coletados, sem a pretensão impetuosa de avançar para o próximo passo, desconsiderando o primeiro. Fazer teologia, nessa perspectiva, implica saber ouvir para saber falar e, por consequência, agir mais assertivamente. Libânio e Murad (2003, p. 95) destacam o *auditus fidei* como o momento apropriado para o teólogo ir às fontes, conforme proposto pelo Concílio Vaticano II:

> Este trabalho de *auditus fidei* refontiza a teologia. Foi chamado de "volta às fontes", precisamente no momento em que se queria romper com uma teologia especulativa fixista e rígida. Cumpriu papel relevante na renovação da teologia que desembocou no Concílio Vaticano II, dando xeque-mate à teologia escolar reinante. O próprio Concílio Vaticano II incentiva no documento *Optatam totius* o estudo da evolução histórica do dogma, que, no fundo, é ouvir a Tradição da fé (*auditus fidei*), que deve terminar em reflexão sobre esta (*intellectus fidei*).

Como se pode ver, esse primeiro momento do fazer teológico (*auditus fidei*), potencializa e amplifica o segundo momento (*intellectus fidei*), proporcionando uma condição mais adequada para refletir a fé com propriedades fundamentadas do conhecimento teológico. Conforme Libânio e Murad (2003, p. 93-94),

> Não há possibilidade de apossar-se de um dado – *auditus fidei* – sem interpretá-lo – *intellectus fidei*. Nem se faz uma reflexão – *intellectus fidei* – sem que ela não termine cristalizando-se num dado – *auditus fidei*. O ser humano pensa interpretando, acumula dados fazendo hermenêutica. A própria estruturação em que os marcos se configuram tem seu marco teórico.

O ato de escuta e de coleta dos dados da fé não é sinônimo de uma escuta passiva, ingênua e apática. Ao contrário, como destaca Boff (2014, p. 201), "supõe uma audição crítica. O momento positivo implica em uma hermenêutica. [...] o 'posto à frente' não é um dado morto a ser assumido como tal, mas é uma palavra viva, dirigida a pessoas vivas". Esse é um dos elementos importantes a ser considerado na primeira etapa do método teológico.

O papel determinante do *auditus fidei* na teologia implica aprimorar a coerência das reflexões e das análises especulativas, fazendo desse modo com que o teólogo avance em águas mais profundas ancorado no fundamento da fé. O intelecto, iluminado pela fé, navega sem medo e lança-se cada vez mais, adentrando o Mistério revelado, sem o risco de se despedaçar ou despedaçar os outros em tempestades por não estar ancorado a nada.

4.2 Segundo movimento: *intellectus fidei*

O segundo movimento interno da teologia, o *intellectus fidei*, incide na reflexão especulativa dos dados coletados, tornando-se um conhecimento sistemático e assumindo

> várias formas na vida da Igreja e na comunidade dos crentes, de acordo com os diferentes dons dos fiéis (*lectio divina*, meditação, pregação, teologia como ciência etc.). Torna-se teologia, no sentido estrito, quando o crente se compromete a apresentar o conteúdo do Mistério cristão de uma forma racional e científica". (CTI, 2012, n. 18)

Segundo Boff (2014, p. 265), "depois de ouvir a Palavra e fazê-la sua, a teologia explicita e aprofunda essa Palavra com suas próprias palavras. É o momento de seu discurso propriamente teórico ou especulativo, que se faz através do confronto da fé com as exigências da razão". Essa habilidade consiste em penetrar intelectualmente o conteúdo garimpado, refletindo e ampliando sistematicamente seu horizonte de compreensão:

> Intenta explicá-lo, ordenando-o, percebendo as relações entre os mistérios e verdades expressas nele. Dispondo de ferramentas teóricas, tomadas da filosofia e de outras ciências, o teólogo submete o dado positivo a um processo de aprofundamento e de inteligibilidade. Criam-se, assim, sistemas, visões gerais, sínteses. Julgam-se criticamente os dados. Aprofundam-se com novos elementos do pensar filosófico. Eles são reinterpretados em novos esquemas mentais, em novas matrizes. (Libânio; Murad, 2003, p. 96-97)

Para Boff (2014), o *auditus fidei* consiste em uma escuta crítica dos dados, o que para Libânio e Murad ocorre no momento posterior, o *intellectus fidei*. Contudo, a escuta crítica dos dados assinalada pelo estudioso como primeiro movimento teológico não implica precipitações de julgamento e uma análise especulativa, própria do segundo movimento interno da teologia, mas chama a atenção para não reduzir o "ouve, Israel" a um ouvir desprovido do empenho da razão. É no segundo movimento que ocorre a etapa arquitetônica, em que "a teologia passa a 'construir' seu edifício teórico, a produzir seu sistema, a elaborar suas razões, enfim, a criar seu discurso próprio" (Boff, 2014, p. 265). Nessa etapa, cabe ao teólogo, provido dos conteúdos coletados e observados, erigir seu projeto arquitetônico com harmoniosa coesão, originalidade e beleza.

Para Sesboüé (2006, p. 453), a originalidade teológica não deve ser interpretada simploriamente como especulação de novas conclusões teológicas, mas uma fiel interpretação da Revelação:

Pode e deve a teologia católica medir seus dogmas pela norma da Escritura? A resposta só pode ser pura e simplesmente – sim. [...]. Deve, pois, a pregação da Igreja, em todos os tempos, volta-se sempre a essa fonte apostólica e fica à sua escuta, examinando sua mensagem à luz do *querigma* essencial. O dogma não deve somente ser lido e interpretado a partir da Escritura. Precisa ser completado, aprofundado e desenvolvido a partir dela.

A teologia, nesse sentido, é a fé que busca compreender a Revelação divina. Todavia, os conteúdos não partem dela originalmente, mas da Revelação, cabendo a ela compreendê-los em sua ligação e sentido internos. Essa análise compreensiva do intelecto sobre a fé é o momento construtivo que lança a arquitetura teológica projetada com base no dado revelado (Ratzinger, 2008). A compreensão da Revelação consiste no exercício do intelecto em busca da verdade. Aqui, a fé e a razão são como duas asas que elevam o espírito humano para o céu, não das nuvens e dos passarinhos, mas para uma realidade mais profunda. Assim, trata-se de uma reflexão estruturalmente inteligível à luz da Revelação.

4.3 Terceiro movimento: *applicatio fidei*

Se até aqui o edifício teológico foi construído com base no intelecto a serviço da fé, o terceiro movimento confere o elemento vital dessa construção: a *applicatio fidei*, como um sopro de vida atualizando e movendo a prática. De fato, a teologia se volta para a vida, para a prática, uma vez que reflete sobre verdades que dizem respeito à nossa salvação. A *applicatio fidei* propõe o confronto entre fé e vida, cujos níveis são diversos e perpassam a existência humana em seu âmbito pessoal, social e cosmológico. Segundo Mori, esse confronto implica a vida em sua interioridade, na qual ocorrem as decisões mais profundas; a dimensão psíquica e interpessoal, que inclui os sentimentos, as emoções e as relações em nível familiar e comunitário; a dimensão social, que insere as questões civis, profissionais, políticas e econômicas; e as dimensões cultural, religiosa e ecológica, que se desdobram na relação com todo o cosmo (Mori, 2007).

Essa aplicabilidade da fé auscultada e refletida exige tocar e permitir tocar-se pela experiência do sagrado e do transcendente na imanência do cotidiano. A "teologia de modo singular pede isso, diferentemente do cientista da religião, do qual não se exige esse passo, uma vez que, como Susin (2006, p. 558) observa, a "teologia é distinta das ciências da religião pelo seu lugar de origem. O cientista, que se debruça sobre o objeto 'religião' ou sobre fenômenos religiosos, parte das ciências e não tem o pré-requisito da fé". Para Mori (2007, p. 400), no cenário plural religioso e cultural a teologia assegura-se como experiência e como discurso entre os discursos, com validade e valor permanentes:

> Diante da razão lógica e da filosofia da linguagem, ela buscou provar que sua experiência é a do *logos*; diante da redefinição moderna do domínio da ciência, ela elaborou uma epistemologia que leva em consideração esta redefinição no quadro de um diálogo com as ciências, provando dispor de procedimentos cognitivos tão fundados quanto os delas; diante das buscas da racionalidade crítica do Iluminismo, ela se esforçou em mostrar a inteligibilidade de seu discurso; diante da crítica de sua insignificância e irrelevância, ela mostrou que ainda é capaz de dar sentido à existência individual e de inspirar a práxis social transformadora dos fiéis que a praticam.

Susin (2006, p. 557) demonstra, ao falar sobre o estatuto epistemológico da teologia, que o lugar de origem do saber teológico está vinculado à experiência da fé, situada no âmbito eclesial de uma comunidade de pertença. Assim, o teólogo deve ser um mistagogo, o qual, experimentando o Mistério, conduz outros à experiência, afirmando e confirmando seus irmãos na fé e desempenhando uma função crítica como serviço eclesial profético:

> Por isso não apenas reforça consensos, mas também pode ter o incômodo – e, no entanto, profético – papel do dissenso crítico. Considera os "lugares teológicos" na história, na atualidade. E pesquisa novos. Enquanto apresenta "razões da fé", tem papel de esclarecimento. Enquanto busca "melhores razões", de aprofundamento. Enquanto busca "razões verdadeiras e justas", pode ter um papel crítico. E, finalmente, enquanto razões práticas, enquanto "pragmatismo", pelo qual também as ciências são guiadas, tem uma dimensão pastoral, buscando, na expressão de Boaventura, uma teologia "para que nos torne melhores" – em sentido amplo, pessoal e comunitário, enfim, humanitário.

Nessa perspectiva teleológica, a *applicatio fidei* é um momento interno imprescindível do labor teológico, do qual não se pode escapar nem negligenciar, pois o método seria incompleto e não atingiria o propósito do caminho em sua finalidade última, derradeira e plenificada.

No índice sistemático de Denzinger (2013, p. 1286) há uma sequência de parágrafos referentes à expressão da frase: "a natureza do progresso teológico está no aprofundamento e não na mudança". Tal afirmação supera a ideia rasa de progresso como mudança contínua de coisas novas, rompendo com o antigo e suplantando-o com a novidade do momento. De fato, o desafio do teólogo consiste em um íntegro aprofundamento teológico, que se faz na apurada tarefa de polir o tesouro da fé a fim de extrair com mais evidência a pureza de sua luz. Isso exige a arte de um sábio ourives, que, ao eliminar as impurezas embaçadas no ouro, não elimina o ouro em si, mas reconhece tal valia e preciosidade em seu trato.

4.4 Teologia dedutiva (*fides quae*)

Vamos analisar agora dois termos técnicos de origem patrística e medieval, em língua latina, com os quais os elementos do ato de fé são geralmente designados: *fides quae* e *fides qua*. Fisichella (1967, p. 102, tradução nossa) apresenta de modo clássico e objetivo suas definições:

> A *fides qua* indica o próprio ato com o qual o crente, sob a ação da graça, confia em Deus que se revela e assume o conteúdo da Revelação como verdadeiro. *Fides quae* indica o conteúdo da fé que é aceita pelo crente, as diversas verdades da fé que são aceitas ou acreditadas como uma única coisa, em um único ato"[6].

Nessa análise, subentende-se que a *fides quae* compreende uma teologia em caráter dedutivo e a *fides qua* em caráter indutivo. A proposta é tratar de cada uma delas de modo distinto, para que posteriormente ambas sejam dinamicamente consideradas em um trabalho teológico científico. Não assimilar o necessário equilíbrio entre os dois elementos de fé pode gerar consequências nocivas. Não somente no aspecto técnico de termos e conceitos, mas na própria vida de fé.

A *fides quae* refere-se aos fundamentos da fé e a seus artigos, ou seja, aos dados da Revelação, que constituem a matéria-prima da teologia. Essas proposições não são inventadas por alguém e conferem o depósito da fé, o grande legado recebido e transmitido pela Igreja, comunidade dos crentes em Jesus Cristo, Revelação do Pai. De acordo com Sesboüé (2006, p. 253), "se a teologia é bem-vista como obra da razão, deve-o ao fato de ser fruto de uma razão iluminada pela fé".

---

6 *Fides qua* indica el acto mismo con que el creyente, bajo la acción de la gracia, confía en Dios que se revela y asume el contenido de la revelación como verdadero. *Fides quae* indica el contenido de la fe que es aceptado por el creyente, las diversas verdades de fe que son acogidas o creídas como una sola cosa, en un solo acto (Fisichella, 1967, p. 102).

Nessa perspectiva, cabe à teologia o crer e o pensar dialético e dinâmico, sem exclusão de um ou de outro. O pensamento teológico não nasce da simples razão natural, mas reflete o encontro com a Palavra de Deus, a Revelação do Pai. Esse é o dado revelado, o depósito da fé, presente objetivamente na Escritura e na Tradição. É importante considerar o discurso do Papa João XXIII (1962) na abertura do Concílio Vaticano II a respeito do tema a fim de clarificar seu entendimento: "Na verdade, uma coisa é o próprio depósito da fé, a saber, as verdades que integram a nossa venerável doutrina; outra coisa é a forma pela qual elas são anunciadas, conservando, porém, o mesmo sentido e o mesmo alcance".

O Magistério tem a missão de manter vivo e íntegro o testemunho recebido dos apóstolos e, por isso, a teologia não escapa desse filtro normativo. No entanto, alguns questionamentos são pertinentes, como os que Ratzinger (2008, p. 54) apresenta no trecho a seguir:

> Não estaria aqui sendo restringida indevidamente a liberdade de pensamento? Não surgiria aqui necessariamente uma estreita vigilância, tirando fôlego à grandeza do pensamento? Não teríamos que recear que a Igreja ultrapassasse o quadro do anúncio, interferindo também na parte científica, e dessa forma ultrapassando seus direitos? São perguntas que precisam ser levadas a sério. Por isso está certo que na relação entre teologia e magistério se procure por ordem, se procure por espaço suficiente para a responsabilidade da teologia. Mas por mais que isto seja justificado, é preciso que sejam observados também os limites destes questionamentos.

Desse modo, o método dedutivo considera o caráter especulativo da teologia, cujos princípios teológicos são preestabelecidos, e expõe os conteúdos da fé como pressupostos analisados e explicados. Contudo, conforme Libânio e Murad (2003), o enrijecimento desse método pode comprometer a liberdade de pesquisa e a sensibilidade aos novos contextos atuais.

De fato, a profecia do labor teológico não pode faltar. Antes, ela é um dever do serviço que presta à Igreja e à humanidade. Mas a sabedoria reside na compreensão de que "em teologia Igreja e dogma devem ser levados em conta como 'força criadora' e não como algema. E, de fato, essa força criadora abre à teologia suas grandes perspectivas" (Ratzinger, 2008, p. 55). A teologia deve agir profeticamente, mas desempenhando a habilidade de uma crítica sapiencial que não esgote o Mistério no qual ela mesma crê e confia. Nessa ótica, age eclesialmente, superando uma postura adolescente de birra contra tudo e contra todos. Evidentemente, ao pautar-se unicamente em confissões doutrinárias preestabelecidas sem a devida reflexão hermenêutica, corre-se o risco de absolutizar esse método, desconsiderando o *fides qua* que traz a leveza do espírito e vida à letra.

4.5 Teologia indutiva (*fides qua*)

A teologia indutiva compreende a fé como resposta daquele que crê no Deus que se revela, buscando viver em atenção a esse chamado que fundamenta existencialmente sua teologia. Nessa perspectiva, a *fides qua* é entendida como o pressuposto subjetivo da teologia. Segundo Libânio e Murad (2003, p. 103), "Ela se caracteriza por começar sua reflexão a partir dos questionamentos que nascem da realidade humana. Os problemas surgem da vida, de baixo, pela via da indução. Vai da experiência ao dogma".

A ênfase da *fides qua* está na fé, na qualidade de sentido e experiência do Deus revelado. Apresentar a fé como sentido tem sido um desafio contemporâneo para a teologia, uma vez que esse aspecto impõe-se como uma necessidade antropológica e somente assim pode ser inteligível. Apresentar a fé como experiência é uma marca da vida cristã, pela própria valorização do conhecimento sensível, ou seja, trazendo o aspecto afetivo como um estágio no desenvolvimento humano religioso. Esses aspectos são elementos constitutivos de uma fé viva em um contexto sociocultural marcado pela crise de sentido. De fato, não é suficiente um conjunto de verdades destituído de experiência e de sentido, pois por essas vias a fé é capaz de tocar a existência pelos sentidos humanos que a penetram.

O sujeito dotado com toda a sua capacidade de resposta e compromisso se mostra na *fides qua*, entregando-se inteiro e livremente a Deus, e a Ele presta o tributo de seu intelecto e vontade, como afirma a constituição dogmática *Dei Verbum*:

> A Deus que revela é devida a "obediência da fé" (Rom 16,26; cfr. Rom 1,5; 2 Cor 10, 5-6); pela fé, o homem entrega-se total e livremente a Deus oferecendo "a Deus revelador o obséquio pleno da inteligência e da vontade" e prestando voluntário assentimento à sua Revelação. Para prestar esta adesão da fé, são necessários a prévia e concomitante ajuda da graça divina e os interiores auxílios do Espírito Santo, o qual move e converte a Deus o coração, abre os olhos do entendimento e dá "a todos a suavidade em aceitar e crer a verdade". Para que a compreensão da Revelação seja sempre mais profunda, o mesmo Espírito Santo aperfeiçoa sem cessar a fé mediante os seus dons. (DV, n. 5)

Definir o ato de fé exclusivamente como *fides qua* resume-o na estrita relação com a consciência individual, e não com um testemunho externo ou uma Revelação que acontece fora da própria interioridade. Nesse sentido, como observa Izquierdo (2013, p. 64, tradução nossa), "as razões que sustentam essa fé são subjetivamente suficientes, mas objetivamente improváveis. Independentemente da vontade, para a qual não há outra autoridade além da autonomia moral do sujeito, ela permanece fechada sem poder abrir-se a uma relação autêntica com o conhecimento racional"[7].

A Comissão Teológica Internacional – CTI (2012, n. 4) afirma que "a teologia mantém a *fides qua* e a *fides quae* unidas. Ela expõe o ensinamento dos apóstolos, a Boa-Nova sobre Jesus Cristo, 'segundo as Escrituras' (1Cor 15,3-4) como regra e estímulo da fé da Igreja". Uma compreensão equivocada sobre ambas causa dano à cientificidade da teologia e à racionalidade intersubjetiva. A distinção entre os termos auxilia no papel dinâmico da fé nessas duas teologias, ambas necessárias reciprocamente:

> Não há separação entre *fides qua* e *fides quae*; com efeito, os dois termos desejam especificar os diferentes momentos de um único ato. Ao acreditar, a pessoa aceita um conteúdo que a comete; portanto, a *fides qua* não se abstrai da *fides quae*, mas é determinada por ela. A *fides quae*, por sua vez, refere-se à *fides qua* quanto ao ato fundamental pelo qual o crente, em sua liberdade, aceita confiar plenamente na Revelação de Deus. (Fisichella, 1967, p. 128, tradução nossa)[8]

De fato, se *fides qua* e *fides quae* referem-se a dois momentos de um único ato de fé, implica considerar ambas as perspectivas no desenvolvimento da reflexão teológica, superando percepções estreitas e limitantes de uma autêntica teologia.

---

[7] Las razones que apoyan esta fe son subjetivatnente suficientes, pero objetivamente indemostrables. Dependen totalmente de la voluntad, para la que no hay otra autoridad que la autonomía moral del sujeto, por lo que permanece cerrada sin que pueda abrirse a una auténtica relación con el conocimiento racional (Izquierdo, 2013, p. 64).

[8] No hay separación entre *fides qua* y *fides quae*; en efecto, los dos términos quieren especificar los diversos momentos de un acto único. Al creer, la persona acepta un contenido que la compromete; por tanto, la *fides qua* no abstrae de la *fides quae*, sino que está determinada por ella. La *fides quae*, a su vez, remite a la *fides qua* como al acto fundamental mediante el cual el creyente, en su libertad, acepta fiarse plenamente de la revelación de Dios (Fisichella, 1967, p. 128).

Síntese

Neste capítulo, vimos que o método teológico apresenta três movimentos internos: *auditus fidei*, *intellectus fidei* e *applicatio fidei*, os quais implicam uma teologia que sabe escutar, pensar criticamente e atualizar, apontando caminhos de aplicabilidade de seu conteúdo. São movimentos internos porque movem a teologia, impedindo que se torne estática e sem vida; ao contrário, exigem o dinamismo da fé, da razão e das mãos. O *auditus fidei* incide em uma atenta escuta do dado revelado, contido nas Sagradas Escrituras, na Tradição e no Magistério. O *intellectus fidei* está associado à reflexão especulativa do dado revelado, como o momento propriamente teórico especulativo, confrontando a fé com as exigências da razão. A *applicatio fidei* pressupõe confronto entre fé e vida e atinge a existência humana em todas as suas dimensões pessoais, sociais e planetárias.

Por fim, discutimos dois termos técnicos utilizados para exprimir os elementos do ato de fé: *fides quae*, que compreende a confiança no Deus que se revela, assumindo o conteúdo da Revelação dada; e *fides qua*, como o ato com o qual o crente, sob a ação da graça, aceita as verdades da fé. A *fides quae* considera a fé como conteúdo do dado revelado e a *fides qua* a concebe como ato em si. É necessário considerar a intrínseca relação entre *fides qua* e *fides quae*, em que o dado objetivo e da fé e seu momento subjetivo de apropriação possam relacionar-se reciprocamente.

Atividades de autoavaliação

1. Indique a alternativa correta em relação ao *auditus fidei* (escuta da fé):
    a) O *auditus fidei* é o primeiro movimento *ad intra* da teologia, que busca compreender os elementos subjetivos da fé.

b) No primeiro movimento teológico (*auditus fidei*), usa-se exclusivamente a Sagrada Escritura. Usar outros testemunhos (patrística, concílios, Magistério ou história da Igreja) atrapalha a investigação teológica.
c) Segundo Boff, o ato da escuta da fé é um momento passivo da elaboração teológica. De nenhum modo a criticidade faz parte desse instante da reflexão.
d) O *auditus fidei* consiste em um movimento teológico *ad extra* por acessar o conteúdo da fé nas Sagradas Escrituras, na Tradição e no Magistério. É considerado o momento positivo da teologia, pois esta é chamada a colocar-se em atitude humilde de escuta.
e) Nenhuma das alternativas está correta.

2. Analise as afirmações a seguir e indique se são verdadeiras (V) ou falsas (F) no que se refere ao *intellectus fidei*:
( ) Esse é o momento da atualização da fé e de apontar pistas de ação. Com os dados da fé em mãos, é chegada a hora de, imediatamente, propor práticas aos fiéis.
( ) O segundo movimento interno da teologia, o *intellectus fidei*, incide na reflexão especulativa dos dados coletados.
( ) Esse momento consiste em penetrar intelectualmente o conteúdo garimpado, refletindo e ampliando sistematicamente seu horizonte de compreensão. Com criticidade, os dados são sintetizados, sistematizados e cruzados com novos conhecimentos filosófico-científicos.
( ) Nessa etapa cabe ao teólogo, provido dos conteúdos coletados e observados, erigir seu projeto arquitetônico com harmoniosa coesão, originalidade e beleza.

Assinale a alternativa correspondente à sequência formulada:
a) F, V, F, V.
b) F, F, V, V.
c) F, V, V, V.
d) V, F, V, V.
e) V, V, V, V.

3. Indique a alternativa correta em relação à *applicatio fidei*:
   a) O terceiro momento do método teológico confere o elemento vital dessa construção: a *applicatio fidei* (atualização da fé, a fé aplicada à realidade) como um sopro de vida atualizando e movendo a prática.
   b) Nesse instante, volta-se para a vida, para a prática, uma vez que reflete-se sobre verdades que dizem respeito à salvação. A *applicatio fidei* implica no confronto entre fé e vida e atinge a existência humana em todas as dimensões: pessoal, social e planetária.
   c) Essa aplicabilidade da fé auscultada e refletida exige tocar e permitir tocar-se pela experiência do sagrado e do transcendente na imanência do cotidiano.
   d) Na perspectiva teleológica, a *applicatio fidei* é um momento interno imprescindível do labor teológico, do qual não se pode escapar nem negligenciar, pois o método seria incompleto e, consequentemente, não atingiria seu propósito.
   e) Todas as alternativas estão corretas.

4. Analise as afirmações a seguir e indique se são verdadeiras (V) ou falsas (F) no que se refere à teologia dedutiva (*fides quae*):
   ( ) A *fides quae* compreende uma teologia em caráter dedutivo.
   ( ) A *fides quae*, sendo um método suficiente, dispensa a *fides qua*.

( ) A *fides quae* refere-se aos fundamentos da fé e a seus artigos, ou seja, aos dados da Revelação, os quais constituem a matéria-prima da teologia.

( ) O pensamento teológico não nasce da simples razão natural, mas reflete o encontro com a Palavra de Deus, a Revelação do Pai. Esse é o dado revelado, o depósito da fé, presente objetivamente na Escritura e na Tradição.

( ) A *fides quae* é um método negativo, que desconsidera o caráter especulativo da teologia e seus princípios teológicos preestabelecidos, não expondo os conteúdos da fé como pressupostos analisados e explicados.

Assinale a alternativa correspondente à sequência formulada:
a) Apenas as afirmativas II, III e V estão corretas.
b) Apenas as afirmativas I, III e IV estão corretas.
c) Apenas as afirmativas II e V estão corretas.
d) Apenas as afirmativas III e V estão corretas.
e) Todas as afirmativas estão corretas.

5. Indique a afirmativa correta no que se refere à teologia indutiva (*fides qua*):
a) A ênfase da *fides qua* não está na fé na qualidade de sentido e experiência do Deus revelado. Pelo contrário, está relacionada ao dado recebido mediante a Sagrada Escritura.
b) A *fides qua* é um método que se basta e, por isso, dispensa qualquer contribuição que provenha da *fides quae*.
c) A *fides qua* é o pressuposto subjetivo da teologia, pois inicia sua reflexão na perspectiva das questões humanas. Os problemas a serem analisados vêm de baixo, ou seja, pela via da indução.

d) A *fides qua* desconsidera a fé como ato em si. Em outras palavras, não é o ato com o qual o crente, sob a ação da graça, aceita as verdades da fé que interessa ao teólogo.

e) Todas as afirmativas estão corretas.

Atividades de aprendizagem

Questões para reflexão

1. O texto sugerido para leitura é um trecho do livro *Teoria do método teológico*, de Boff (1998, p. 207-209), no qual o autor discorre sobre a Palavra de Deus, fonte e não meio da teologia:

   > Dois são os olhos da teologia: *auctoritas* e *ratio*. Todavia, a razão teológica tira sua força principal dos "argumentos de autoridade", que provêm da Palavra, e não dos "argumentos da razão". Pois a Palavra é a razão primária de teologia cristã, primeiro a Palavra de Deus, e depois as outras palavras ou testemunhos da fé. É o que exprime o dispositivo *sed contra* na arquitetura da grande escolástica.
   >
   > Atenção, porém, pois a Bíblia não pode ser usada apenas para provar teses previamente estabelecidas. Não. É ela que é princípio *fontal* de toda reflexão teológica. É ela que "dá as cartas" em teologia. Infelizmente, à diferença da alta escolástica, não foi o que aconteceu com a escolástica posterior. Esta caiu no vício dos *dicta probatia*: afirmações tiradas da Bíblia para sustentar teses teológicas predeterminadas. Ora, aí a Escritura já não representa mais o ponto de partida, mas apenas um *locus* ou repertório de afirmações, usadas instrumentalmente em função de uma teologia já dada. Ora, a Palavra de Deus não é para servir à teologia, mas para ser servida por ela. É fim da teologia e não mera função dela.
   >
   > Na verdade, o que é a teologia em sua essência? Na linguagem preferida pela Tradição católica, é a ciência da Revelação, tal como

é testemunhada na Bíblia e na Tradição, donde o acento na dogmática. Já na linguagem protestante, teologia é a reflexão a partir da Palavra bíblica, donde o acento na exegese. A teologia não seria essencialmente a "inteligência da Escritura" (*intellectus scripturae*)? A rigor, teologia não é simplesmente a "ciência da Escritura", pois isso não nos levaria para além de uma "hermenêutica da letra" (*biblicismo*). Teologia é, isto sim, a ciência daquilo de que falam as Escrituras, isto é, da Palavra transcendente de Deus. E aqui já estamos na "hermenêutica do espírito", aquela que é propriamente teológica.

Sem dúvida a fé tem sua "positividade". Porém, não se pode cair por isso no "positivismo" teológico. A fé busca, sobre qualquer outra coisa, não essa ou aquela verdade religiosa positiva, mas "a" Verdade por excelência, que tem por nome "Deus". E é só à luz dessa Verdade que a fé acolhe em seguida todas as outras verdades positivas.

Com base no texto lido e no que você aprendeu neste capítulo, escreva seu entendimento sobre a centralidade da Palavra de Deus no percurso da reflexão teológica.

2. Leia o trecho a seguir, de Lacoste (2004, p. 1714-1715):

não quer dizer que uma teologia que se compreenda primordialmente como *sapientia* possa expelir de seu campo de pesquisa toda preocupação científica. A teologia é uma experiência, é simultaneamente um discurso dentre todos os discursos que pretendem ser verdadeiros, e a questão de sua validade tem valor permanente. [...].

Círculo ou campo de tensão, a relação da *scientia* e da *sapientia* permanece assim como o problema constitutivo da teologia. Devolvida plenamente ao contexto da vida eclesial, a teologia não pode se encerrar sem dano nas alegrias da liturgia ou nas satisfações trazidas por uma leitura pré-crítica das Escrituras. Por um lado, a teologia tem o dever, diante do mundo, de se manifestar como linguagem rigorosa: o momento apologético é constitutivo. Por outro lado, ela também tem o dever diante de si mesma de poder proceder à sua própria crítica. A teologia pode dar-se uma imagem ideal de si mesma, a da Palavra proclamada e comentada liturgicamente pelos ministros da Igreja, e esta imagem, familiar à eclesiologia eucarística, decerto não mente: a teologia é mistagógica. Entretanto, existe outra imagem, que não contradiz a primeira, mas revela outro aspecto: a teologia aparece então como busca perpétua da mais justa linguagem, e isso no debate em que se encontram todas as linguagens que se querem verdadeiras. A exigência crítica não contradiz a exigência mistagógica ou doxológica, ela procede dela. A teologia é plural por natureza. A pluralidade de discursos a enunciar demanda um equilíbrio certamente instável. Discurso somente litúrgico, a teologia cessaria de responder às exigências missionárias da apologia. Discurso somente científico, ela cessaria de responder às exigências da vida espiritual dos crentes. A história complexa da teologia mostra as aporias que a ameaçam sempre. Ela demonstra também as condições de uma fidelidade da teologia a seu *logos* próprio e às suas funções próprias. [...].

O *status* do teólogo é múltiplo: nem o bispo, nem o professor, nem o místico bastam como tais para realizar toda a essência do teológico. A teologia é um discurso histórico, enunciado por uma Igreja que nenhuma de suas tarefas absorve integralmente, que não pretende jamais ter entregado o último comentário sobre os eventos da Palavra de que ela surgiu, e que não confia a nenhum de seus membros a responsabilidade exclusiva do comentário.

Registre sua percepção em relação ao que o autor afirma: "a exigência crítica não contradiz a exigência mistagógica ou doxológica, ela procede dela".

Atividade aplicada: prática

1. Escolha uma pequena passagem bíblica e, com base nela, desenvolva uma reflexão que percorra os três momentos da teologia (*auditus fidei, intellectus fidei* e *applicatio fidei*). Depois, partilhe seu texto com dois colegas.

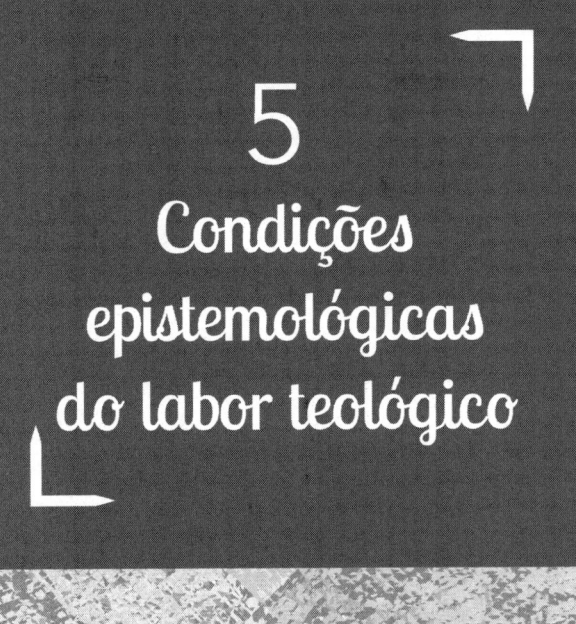

5
Condições epistemológicas do labor teológico

Neste capítulo, discutiremos as condições epistemológicas para o trabalho teológico a fim de garantir sua cientificidade e autenticidade. A palavra *epistemologia*, originária do grego *episteme* (conhecimento) + *Logos* (estudo, palavra) pressupõe o estudo do conhecimento científico. A epistemologia estuda os postulados e métodos dos distintos ramos do saber científico, corroborados em sua validade cognitiva ou em suas trajetórias evolutivas, sistematiza suas relações, esclarece seus vínculos e avalia seus resultados.

Epistemologicamente, há condições sistemáticas capazes de garantir um trabalho teológico científico. Como vimos nos capítulos anteriores, a teologia discursa em níveis de linguagem diferentes e, dependendo do público e do objetivo da reflexão, os critérios epistemológicos são pouco ou nada exigidos na construção do pensamento teológico, chegando a conclusões não científicas ou até equivocadas por falta de fundamentação.

Inicialmente, apresentaremos um esboço dos critérios de discernimento da teologia cristã. Em seguida, o embasamento bíblico, com as fundamentações no Antigo e no Novo Testamento, sobretudo no Evangelho; o embasamento histórico, na Tradição viva eclesial e na história da humanidade; o embasamento no Magistério; e a necessária relação com a práxis e a realidade atual.

5.1 Critérios de discernimento

A fé é vivida dentro do contexto histórico-cultural em que estamos e supõe um assentimento do intelecto ao Deus que o interpela. Segundo Libânio (2000, p. 59), no contexto atual a concepção de fé supera uma ideia exclusiva de crença em verdades e palavras e acentua a primazia da fé como confiança e entrega decisiva a uma pessoa. Esses elementos são complementares, "portanto, a tendência em direção à decisão não desconhece o caráter de verdade, de comunicação de conteúdo, de Tradição, de transmissão da fé". Nessa perspectiva, faz-se uma busca, também em âmbito acadêmico-científico, dos elementos fundamentais e essenciais da fé que cumpram essa função de dar sentido e significado à vida. Assim, a tarefa da teologia é desenvolver elaborações teóricas da fé que procuram atender a esse critério contemporâneo, sem com isso esvaziar ou diminuir a densidade e a inteireza de seu conteúdo. Para que esse desempenho seja fielmente realizado, é necessário fazê-lo com discernimento apurado.

A teologia como ciência estabelece alguns critérios de discernimento, capazes de assegurar seu caráter epistemológico. Ainda que haja uma diversidade de teologias, elas devem estar unidas a serviço da verdade como um dos critérios de discernimento na fé. Esse ponto de unidade tem como centro a Palavra de Deus, a Revelação do Pai em

Jesus Cristo: "Muitas vezes e de modos diversos, falou Deus, outrora, aos pais pelos profetas; mas na plenitude dos tempos ele nos falou por meio de seu filho, a quem constituiu herdeiro de todas as coisas, e pelo qual fez os séculos" (Hb 1,1-2).

De acordo com a **Comissão Teológica Internacional – CTI** (2012, n. 15), "um critério da teologia católica é que ela tem a fé da Igreja como fonte, contexto e norma". Em contrapartida, "ela tem uma dimensão racional. A teologia se esforça para compreender o que a Igreja crê, e que pode ser conhecido *sub specie Dei*. Como *scientia Dei*, a teologia procura compreender de forma racional e sistemática a verdade salvífica de Deus" (CTI, 2012, n. 19):

> A fé, portanto, é a experiência de Deus, que implica o conhecimento dele, visto que a Revelação dá acesso à verdade de Deus que nos salva (cf. 2Ts 2,13) e nos torna livres (cf. Jo 8,32). Paulo escreve aos Gálatas que, enquanto crentes, "conhecendo Deus, ou melhor, sendo conhecidos por Deus" (Gl 4,9; cf. 1Jo 4,16). Sem a fé seria impossível ter uma percepção dessa verdade, porque ela é revelada por Deus. Além disso, a verdade revelada por Deus e acolhida na fé não é algo irracional. Pelo contrário, ela dá origem ao "culto espiritual (*logikélatreía*)" que Paulo afirma envolver a renovação da mente (Rm 12,1-2). (CTI, 2012, n. 12)

A teologia exige uma racionalidade sistemática sobre a verdade revelada. Isso significa que ela não se faz de qualquer modo, mas criteriosamente. Conforme Ratzinger (2008, p. 23), "Por isso, a partir da questão de Deus a fé tem que expor-se à disputa filosófica. Se desistir da exigência de racionalidade de sua afirmação básica, ela não está se retraindo para uma fé mais pura, mas sim traindo um elemento básico de si própria". Contudo, considerando a exigência da racionalidade, Ratzinger, ao expor a necessidade da filosofia para a reflexão teológica, não considera compatível qualquer base filosófica, pois esta deve garantir a originalidade teológica sem corromper seus postulados.

A seguir, veremos que, para uma teologia católica bem fundamentada em sua *episteme*, é indispensável o embasamento bíblico, histórico e no Magistério da Igreja. Sobre essas bases, o edifício do pensamento teológico é construído em uma relação dinâmica com a práxis, que atualiza seu caráter vital no mundo.

5.2 Embasamento bíblico

Para justificar o primeiro embasamento teológico, vale reproduzir aqui a afirmação conciliar do Vaticano II: "a Sagrada Escritura é a alma de toda a teologia" (DV, n. 24). Observe que a Sagrada Escritura é definida como a alma da teologia, um elemento vital indispensável, o que significa que não basta utilizá-la como enfeite final das reflexões teológicas, pois, como reitera o Papa Bento XVI, na exortação apostólica pós-sinodal *Verbum Domini* (Bento XVI, 2010, n. 34), "onde a teologia não é essencialmente interpretação da Escritura na Igreja, esta teologia já não tem fundamento". A Comissão Teológica Internacional (2012, n. 4) concebe que a teologia se constrói no ato fundamental da escuta da Palavra de Deus:

> A teologia, em todas as suas diversas tradições, disciplinas e métodos, está radicada no ato fundamental de ouvir na fé a Palavra de Deus revelada, o próprio Cristo. A escuta da Palavra de Deus é o princípio definitivo da teologia católica, que leva à compreensão, ao anúncio e à formação da comunidade cristã: "a Igreja é edificada sobre a Palavra de Deus, ela nasce e vive por essa Palavra". O que vimos e ouvimos vo-lo anunciamos para que estejais também em comunhão conosco. E a nossa comunhão é com o Pai e com seu Filho Jesus Cristo" (IJo 1,3). O mundo inteiro deve ouvir o chamado à salvação, "a fim de que, pelo anúncio da salvação, ouvindo creia, crendo espere, esperando ame".

Ao enfatizar a centralidade da Palavra de Deus como ponto de unidade, precisamos deixar claro que isso não deve reduzir o pensamento teológico à uniformidade, mas possibilitar o diálogo e a comunicação recíproca entre as mais diversas teologias. Uma vez que a teologia se ocupa da verdade da fé e, consequentemente, do Evangelho (Gl 2,5), ela deve fundamentar e sustentar todo o trabalho teológico, investigar os testemunhos normativos presentes nos textos da Escritura e relacionar "as palavras humanas da Bíblia com a Palavra viva de Deus" (CTI, 2012, n. 21).

É importante saber ler e interpretar a Escritura para não se correr o risco de uma leitura fundamentalista ou espiritualista que dispensa simploriamente os recursos da exegese e da hermenêutica bíblica:

> Para compreender e explicar o significado dos textos bíblicos, deve fazer uso de todos os métodos (filológico, histórico e literário) apropriados, com o objetivo de esclarecer e compreender a Sagrada Escritura em seu próprio contexto e período. Assim, a historicidade da Revelação é metodologicamente levada em conta. A *Dei Verbum* 12 faz referência particular à necessidade de dar atenção às formas literárias: "De fato, a verdade vem diferentemente apresentada e expressa em vários tipos de textos históricos, proféticos e poéticos, e também em outras formas de expressão literária". Desde o Concílio, desenvolveram-se novos métodos, que podem fazer emergir aspectos novos do significado das Escrituras. (CTI, 2012, n. 22)

Boff (2014) apresenta algumas regras hermenêuticas em relação à Sagrada Escritura. São elas: a atitude orante e obediente à Palavra de Deus; saber situar o texto em seu contexto histórico, colocando Jesus Cristo como ápice; a assimilição do sentido textual e do sentido atual na perspectiva da caridade, em comunhão eclesial e em sintonia com a Tradição e o Magistério da Igreja. Uma interpretação bíblica que desconsidere esses critérios hermenêuticos pode desvirtuar a substância teológica da reflexão cristã que deve estar sempre pautada na Revelação.

5.3 Embasamento histórico

Se a teologia sem base na Escritura perde seu fundamento, ela também fica oca sem um embasamento histórico. A humanidade é, desde toda a eternidade, querida por Deus em vista de Jesus Cristo, único recapitulador em si mesmo de toda a criação (Ef 1,1-14). Pela fé em sua ressurreição, apesar das aparências, e embora desde o começo existam dois dinamismos – o do pecado e da graça –, Ele é o Senhor dos tempos, o Senhor da história. Após sua ressurreição, Jesus dizia a seus discípulos na noite de despedida: "a vós convém que eu vá" (Jo 16,7). A solidão dos discípulos é para sua salvação. Ela permite que eles passem de uma existência com Jesus, concentrada na intuição sensível, para uma existência pessoal como testemunhas. Dito de outro modo, agentes responsáveis, sujeitos que seguem criativamente o paradigma de Jesus (Trigo, 1988).

Portanto, a fé na ressurreição de Jesus Cristo se dá no âmbito da história como algo que está nas mãos de Deus em seu *grande finale*. Ela não está decifrada em cada uma de suas figuras, em seus fragmentos, mas apenas na solução final que amarra e lhe dá seu sentido pleno. Existe um dinamismo de pecado anterior, mas também interior a cada pessoa. Além disso, existe, de um modo mais poderoso e determinante, o dinamismo da graça de Cristo, este também anterior e interior a cada pessoa. Esses dinamismos entram no mundo de cada um com um leque de possibilidades, facilidades, dificuldades, inclinações e redes de solidariedade, cristalizados muitas vezes em estruturas e situações.

Contudo, eles se concretizam propriamente nas decisões (Trigo, 1988). Trataremos do tema, nas Seções 5.3.1 e 5.3.2, subdividindo-o em história do ponto de vista eclesial da Tradição e história do ponto de vista mais amplo da humanidade.

5.3.1 Tradição

A palavra *tradição* origina-se do latim *traditio*, que procede do verbo *tradere* e significa o "ato de entregar alguma coisa ou realizar a transferência de um bem". O *Dicionário de conceitos fundamentais de teologia*, dirigido por Peter Eicher, apresenta no verbete sobre *Tradição* o entendimento de um processo comunicativo. Segundo Kampling (citado por Eicher, 2005, p. 960), "Tradição implica, quer um aspecto ativo, o ato de transmitir e transferir, quer também um aspecto passivo, o que se transmite, o *traditium*. Ambos os aspectos interligam-se e inter-relacionam-se".

Para exemplificar a ideia de Tradição, podemos considerar uma realidade antropológica fundamental: imagine alguém que adquiriu em sua trajetória de vida uma gama de conhecimentos e capacidades que, após sua morte, foi transferida e comunicada ao grupo a que pertenceu, sem que estes tivessem de começar do zero tal conhecimento em uma repetição infrutífera. A entrega do mapa de um caminho já trilhado possibilita avançar nos próximos passos, permitindo que o conhecimento anterior promova o crescimento e o avanço em relação ao que se aprendeu até então.

No entanto, o conceito de Tradição da fé cristã, na qualidade de religião revelada na história, é muito mais que a transferência de um passado, pois poder-se-ia cair em um tradicionalismo que rejeita o filtro de análise da razão. De acordo com Petrosillo (1996, p. 291-292), a Tradição cristã é uma realidade viva e dinâmica:

> Esta Tradição não é só dar a conhecer o passado através da Palavra e da lembrança. Com efeito, na Tradição, é o próprio Ressuscitado e o seu espírito que se tornam presentes e interpelam a liberdade do homem mediante a oferta da salvação escatológica. Deste ponto de vista, a Tradição é uma realidade viva, a realidade viva da fé vivida pela Igreja na sua atualidade e na sua continuidade histórica com os apóstolos e com Cristo.

A fé da Igreja constitui-se da Tradição bíblica veterotestamentária e de tudo o que nos 20 séculos de vida eclesial foi crendo, vivendo, rezando e praticando. A cada momento, esse arsenal torna-se disponível em sua objetividade. Em um sentido mais profundo, porém, a fé da Igreja é o processo vital dos fiéis em comunidade que assimilam, exteriorizam e objetivam essa riqueza recebida dos maiores.

Portanto, é preciso ter presente teologicamente que viver da fé da Igreja significa participar dessa trajetória viva, dessa cadeia ininterrupta daqueles que receberam, viveram e transmitiram a fé apostólica. Ao sair desse círculo da fé, mesmo tendo acesso ao depósito da fé em sua objetividade escrita, visível em seus sinais externos, não se tem a garantia de viver a fé da Igreja e, consequentemente, de explicitá-la com lucidez.

5.3.2 História da humanidade

Fazer teologia, além do embasamento na Sagrada Escritura, na Tradição e no Magistério, implica saber contextualizá-la historicamente. Esse é um movimento que insere o princípio da encarnação (Jo 1,14) na dinâmica da reflexão teológica. Segundo Chenu, citado por Mondin (1979a, p. 139), a teologia é "uma encarnação do dado revelado nas categorias, nas palavras, nas construções da razão". Jesus Cristo não é uma figura dualista, que se fecha em oposição entre o terreno e o celestial. Nele estão definitivamente reconciliados e em perfeita síntese Deus e o ser humano, a Revelação e a fé, a terra e o céu, a carne e o espírito (Bingemer; Feller, 2003).

Assim, a nova criação em Jesus Cristo tem como pedra de toque o princípio da encarnação, que traz a necessidade de nos deixarmos afetar pela realidade que nos circunda com todo o seu contexto social, econômico e cultural. Assumindo com Cristo, por Cristo e em Cristo toda a dimensão humana e histórica da criação, seremos capazes de construir pontes de diálogo e solidariedade entre a religião e a ciência, entre a fé e a razão. Nesse paradigma, as relações entre história sacra e história profana não são opostas nem justapostas, mas se compenetram diligentemente como graça e natureza. Considerar a história dos seres humanos na reflexão teológica envolve reconhecer no mundo, na humanidade e nas sociedades os sinais dos tempos na perspectiva da fé:

> A interpretação do dado revelado, como já vimos, é tarefa da teologia. Entretanto, não uma interpretação abstrata, intemporal, mas concreta, histórica; deve se inserir na vida da Igreja e da humanidade. Deve corresponder às exigências da Igreja e da humanidade em um dado momento histórico. A teologia encontra nas várias épocas "não um novo conteúdo, isto é, certo, mas uma nova terra a ser semeada, ouvintes até então imprevistos da Boa-Nova, anunciada em todos os tempos, em um diálogo sempre atual de Deus com a fileira das gerações". (Chenu, citado por Mondin, 1979a, p. 141)

Estudar o percurso histórico de um tema, tanto em nível eclesial como social, permite situá-lo no tempo e no espaço, e ainda que seu alcance seja transcendente e supere a visão histórica, ela permanece necessária. Werbick, citado por Eicher (2005, p. 360), observa que o "agir de Deus na história faz dos homens, a que se refere, não objetos passivos, mas sujeitos que arriscam com Deus a história do amor de Deus, suportando com ele o seu risco". Portanto, o ser humano não pode ser visto como uma marionete, e sim como sujeito da história.

Para exemplificar, vejamos como a cristologia e a pneumatologia passaram por influxos históricos diversos. O período medieval foi marcado por certo cristomonismo; na modernidade acenderam-se as luzes para o Espírito Santo; atualmente tem se redescoberto a atenção para Deus Pai. A verdade é que momentos históricos atenuaram e/ou acentuaram determinado tema tendo como pano de fundo fatos e acontecimentos que repercutiram com relevância no pensamento teológico. Não que a teologia se faça ao sabor dos movimentos históricos, mas ela se posiciona ou é desafiada a isso, ora em resistência, ora em fruição, mas nunca em neutralidade absoluta. O desafio consiste em encontrar na realidade histórica social a lei da natureza e a lei da graça, decifrando-a sob a luz do Espírito, o intérprete divino.

5.4 Embasamento no Magistério

O Magistério é a instância teológica específica da Tradição eclesial que garante, de modo não arbitrário, a racionalidade na interpretação da Palavra. Assistido pelo Espírito Santo, diante das múltiplas hermenêuticas teológicas, confere aos pastores a responsabilidade pela unidade da fé, salvaguardando sua eficácia interpeladora e salvífica. Uma equilibrada eclesiologia do Povo de Deus pode clarificar o papel do Magistério na Igreja:

> Crer em Igreja significa participar da dupla forma da *Ecclesia docens* e da *Ecclesia discens*. Está-se sempre a aprender do mestre maior, o Espírito. Está-se sempre a ensinar, transmitindo a outros as próprias experiências de fé, desde os pais catequistas até os pastores. A Igreja ensina sobremaneira por meio do símbolo proclamado (credo) e do símbolo vivido até o extremo (martírio). (Libânio, 2000, p. 256)

De acordo com o verbete *Magistério* do *Dicionário de conceitos fundamentais de teologia* (Lauret, citado por Eicher, 2005), um Magistério autêntico prevê três condições, a saber: a) doutrina (cuidando da autenticidade da pregação do Evangelho, apoiando-se no *sensus fidelium* e apelando também à *regula fidei*); b) instituição e procedimento de controle (pois não basta um *corpus* doutrinal ou uma práxis aceita); c) meios de ação (com os quais fazem valer as decisões do Magistério). Essas condições decorrem do tríplice múnus de ensinar, santificar e governar, próprios dos pastores da Igreja, na pessoa dos bispos e do romano pontífice.

O Magistério é a última instância na interpretação da Palavra, ou seja, tem competência nas questões de fé e moral (*fides et mores*). Se essa é a instância do Magistério, qual seria a instância eclesial do teólogo? Brighenti (2003, p. 52) afirma que, de fato, o teólogo não têm o papel de conduzir a Igreja, e sim o pastor, o qual é revestido para essa missão. No entanto:

> Com isso, não se quer dizer que o papel do teólogo consista em ser um mero "repetidor" do Magistério ou simplesmente da Escritura. Sua missão não é tanto conservar e explicitar o "depósito" revelado (também), que é missão específica do Magistério, quanto refletir sobre este "depósito", servindo-se dos instrumentos científicos que pareçam mais adequados para explicitar a "inteligência da fé" à comunidade humana de cada época. Em outras palavras, sua vocação é refletir a Palavra de Deus e suas explicitações feitas ao longo da Tradição pelos Padres, o Magistério e os teólogos anteriores, em constante diálogo com a cultura do seu tempo.

Por essa razão, há necessidade de um embasamento no Magistério a fim de que a pesquisa teológica seja pautada também na autoridade eclesiástica presente nos documentos normativos eclesiais. Contudo, é preciso distinguir o peso normativo de cada um deles, a fim de não cometer equívocos decorrentes de uma obediência frágil e imatura.

A introdução do Denzinger[1] (2013, p. 9) apresenta cinco critérios de análise quanto à autoridade e normatividade magisterial, os quais são de grande importância para discernir a fonte utilizada na reflexão teológica:

> O primeiro deles provém da autoria: não é a mesma coisa se a decisão doutrinal é tomada por um bispo individual, pelos bispos em conjunto, por um concílio ecumênico, por um sínodo particular ou por uma conferência episcopal, pelo papa ou por uma congregação da Cúria Romana. Quanto mais abrangente a competência de governo, tanto mais peso tem a decisão. A competência de governo mais elevada em relação à Igreja universal encontra-se no papa e no colégio episcopal. Um segundo critério encontra-se nos destinatários: quanto mais amplo o círculo dos destinatários, tanto mais peso tem a decisão. Um terceiro critério provém da natureza da causa em questão: deve-se distinguir entre pontos centrais da fé ou da moral e assuntos mais periféricos ou meramente disciplinares. Em quarto lugar importa ver de que fontes a decisão se alimenta: pode tratar-se de uma verdade que aparece *expressis verbis* ou apenas implicitamente na Escritura e na Tradição [...]. O quinto critério é a forma em que a decisão se apresenta: pela forma se manifesta em que grau e modo a competência doutrinária está em jogo.

Como você pode ver, não basta citar o parágrafo de um documento eclesial para justificar teologicamente uma questão de fé ou de moral. Isso exige um sério estudo e uma pesquisa criteriosa e cuidadosa das fontes e das autoridades sobre as quais o teólogo se apoia, pois o Magistério também está a serviço da Palavra e deve garantir um fiel testemunho com toda a Igreja.

---

1 *Compêndio dos símbolos, definições e declarações de fé e moral.*

5.5 Relação com a práxis

A palavra *ortodoxia* vem do grego *orthós* (justo, correto, puro) + *doxa* (doutrina). A ortodoxia indica a sã doutrina, pura e reta. Uma ortodoxia implica uma *ortopráxis*, palavra também originada do grego *orthós* + *práxis*, que se refere à prática e à ação. Logo, *ortopráxis* significa a prática correta, sã e pura. A Carta de São Tiago apóstolo trata dessas questões ao falar sobre a relação entre fé e obra (Tg 2,26).

Ortodoxia e ortopráxis são uma exigência que, do ponto de vista teológico, se inter-relacionam. Boff (2014, p. 28) propõe que

> ressalve-se que a fé-palavra é princípio decisivo apenas no campo do saber teológico, não no campo da prática da vida. Se lá vale o critério de verdade, aqui vale ultimamente o critério do amor autêntico. Certo, a palavra da verdade está a serviço do amor, mas, para ser eficaz, esse serviço precisa ser verdadeiro, correto, ortodoxo".

De fato, não podemos pensar a prática sem ter um pano de fundo teórico e vice-versa. O saber é a verdade da prática e a verdade do conhecimento. É na prática que o ser humano prova a verdade, o saber, a realidade e o valor do pensamento. O Papa Francisco, em sua exortação apostólica *Gaudete et Exsultate*, sobre o chamado à santidade, diz que "o cristianismo está feito principalmente para ser praticado e, se é também objeto de reflexão, isso só tem valor quando nos ajuda a viver o Evangelho na vida diária" (GE, 2018, n. 109).

Guardini, citado por Mondin (1979a, p. 74), desenvolve uma teologia que parte da existência cristã e nela integra a teologia dogmática com a doutrina prática da vida. Segundo o estudioso citado, os conflitos entre fé/razão, filosofia/teologia e cultura/religião são consequentes de uma visão de mundo marcada por rupturas e contradições da modernidade. Essa fragmentação deve ser superada pela teologia cristã:

> A unidade da consciência da vida, mesmo nos cristãos fiéis, decaiu amplamente. O crente não está mais com sua fé na unidade do mundo, nem encontra a realidade do mundo em sua fé. E fez dessa laceração uma virtude amarga, elaborando, se nos é consentido a expressão vulgar, uma fé quimicamente pura e esforçando-se depois em ver nela a autêntica forma do ato de fé. É uma fé áspera e corajosa, mas não devemos esquecer que representa um estado de necessidade. Para salvar a redenção do Filho, sacrificou a criação do Pai. Mas é uma fé que perdeu sempre mais seu contato com o mundo, e, portanto, está sempre menos em condições de abarcar e plasmar o mundo.

Deus se revela em ato, ou seja, Seu plano de salvação é simultaneamente ação e Palavra, acontecimento e conhecimento. O ser de Deus revela-se em seu agir histórico, enviando seu Filho na carne e nos dando seu Espírito Santo. Nessa perspectiva, podemos compreender como dialeticamente a fé ilumina a prática e esta também ilumina a fé, por seu potencial epistemológico próprio (Boff, 2014). Assim, uma teologia que não tenha relação com a práxis é frágil em sua densidade epistemológica e corre o risco de ser um conjunto de elucubrações dissociado da vida, da prática e do mundo e, consequentemente, embora fale muito, não diz nada de fato.

Síntese

Neste capítulo, apresentamos as condições epistemológicas para um trabalho teológico autenticamente científico. Pelo fato de a teologia discursar em níveis variados de linguagem, nem sempre esses critérios são exigidos ou considerados na reflexão teológica. No entanto, para uma boa fundamentação, não há como escapar desse embasamento.

Em âmbito acadêmico-científico, a tarefa da teologia é desenvolver elaborações teóricas da fé que não esvaziem ou diminuam a densidade e a inteireza de seu conteúdo, mas sejam uma resposta vital ao ser humano atual. Para isso, é necessário fazê-lo com alinhado discernimento, uma vez que "a Sagrada Escritura é a alma de toda a teologia" (DV, n. 24), o embasamento bíblico torna-se imprescindível no labor teológico. De fato, a teologia, em todas as suas diversas tradições, disciplinas e métodos, é edificada sobre o ato fundamental de ouvir na fé a Palavra de Deus revelada, o próprio Cristo. Para superar uma leitura fundamentalista ou espiritualista da Bíblia, deve-se estudar e utilizar os recursos de exegese e hermenêutica.

O embasamento histórico é de suma importância para uma reflexão teológica aprimorada, tanto do ponto de vista da Tradição como da história da humanidade. A fé da Igreja constitui-se da Tradição bíblica e de tudo o que nos 20 séculos de vida eclesial creu, viveu, rezou e praticou como processo vital de entrega e recepção. Além do embasamento na Sagrada Escritura, na Tradição e no Magistério, é importante contextualizá-la historicamente para reconhecer no mundo, na humanidade e nas sociedades os sinais dos tempos na perspectiva da fé. O Magistério, assistido pelo Espírito Santo, é a instância normativa da Tradição eclesial que garante a eficácia interpeladora e salvífica da Palavra de Deus. Contudo, o embasamento no Magistério deve considerar critérios de análise quanto à autoridade e à normatividade de um documento eclesial para justificar teologicamente uma questão de fé ou de moral.

Por fim, vimos como a ortodoxia e a ortopráxis se inter-relacionam. Há necessidade de superar conflitos entre fé e razão, filosofia e teologia, e cultura e religião consequentes de uma visão de mundo marcada por rupturas, pois Deus revela-se em seu agir histórico, enviando seu Filho ao mundo e nos dando seu Espírito Santo. A fé, portanto, ilumina a prática e esta também ilumina a fé dialeticamente.

Atividades de autoavaliação

1. Leia atentamente as afirmações a seguir e indique a alternativa correta:
   a) Sendo a epistemologia o estudo do conhecimento científico, podemos afirmar que a teologia não conta com uma epistemologia própria, devendo adotar a epistemologia de outras ciências.
   b) Em seu esforço racional, a teologia não deve buscar compreender aquilo em que a Igreja crê. Antes, deve limitar-se ao estudo das Sagradas Escrituras e de sua relação atual com a sociedade contemporânea.
   c) As diversas teologias, devem estar unidas no serviço à verdade e seu ponto de maior unidade tem como centro a Palavra de Deus, Revelação do Pai em Jesus Cristo. Outro critério epistemológico da teologia católica é que ela tem a fé da Igreja como fonte, contexto e norma.
   d) A fé restritamente relacionada ao ato de crer em verdades e em palavras não tem nada em comum nem complementariedade com a fé em sentido de confiança e entrega decisiva a uma Pessoa.
   e) Todas as alternativas estão corretas.

2. Analise as afirmações a seguir e indique se são verdadeiras (V) ou falsas (F) no que se refere ao embasamento bíblico:
   ( ) Segundo o Concílio Vaticano II, a Sagrada Escritura é a alma de toda a teologia e, conforme a Comissão Teológica Internacional, a teologia, para decifrar e interpretar a Sagrada Escritura, deve usar métodos apropriados, como o filológico, o histórico e o literário.

( ) A Comissão Teológica Internacional, em seu documento *Teologia hoje: perspectivas, princípios e critérios,* propõe que a teologia se constrói no ato fundamental da escuta da Palavra de Deus.

( ) Ao enfatizar a centralidade da Palavra de Deus como ponto de unidade, é preciso deixar claro que isso não deve reduzir o pensamento teológico à uniformidade, mas possibilitar o diálogo e a comunicação recíproca entre as mais diversas teologias.

( ) Como a teologia ocupa-se da verdade da fé e, consequentemente do Evangelho (Gl 2,5), ela deve fundamentar e sustentar todo o trabalho teológico, investigar os testemunhos normativos presentes nos textos da Escritura e relacionar as palavras humanas da Bíblia à Palavra viva de Deus.

Assinale a alternativa que representa a sequência correta:
a) F, V, F, V.
b) F, F, V, V.
c) V, V, V, V.
d) V, F, V, V.
e) F, F, F, F.

3. Indique a afirmativa correta no que se refere ao embasamento histórico da teologia:
   a) A Tradição cristã é um apego que o teólogo deve superar. Mais do que ajudar, a Tradição atrapalha o teólogo, limitando-o em sua pesquisa. Por isso, é preciso que o teólogo percorra caminhos inexplorados e ignore a Tradição que o precede.
   b) A Tradição pode ser entendida no sentido ativo, como o ato de transmitir (por exemplo, a transmissão de um conhecimento); e no sentido passivo, como o que propriamente se transmite (o conhecimento). Na Tradição cristã, é a própria presença do

Ressuscitado e de seu Espírito que provocam o ser humano a uma resposta em relação à oferta da salvação.

c) A Tradição cristã é algo estanque e sem vida, repassado de geração em geração e que deve ser observado sem questionamentos. Nesse contexto, a Tradição cristã deve ser piamente observada pelo teólogo para que ele não tenha desavenças com o Magistério.

d) A história sagrada não converge em aspecto algum da história profana. Elas são bem distintas em virtude de sua tensa oposição, "pois não é contra homens de carne e sangue que temos de lutar, mas contra os principados e potestades, contra os príncipes deste mundo tenebroso, contra as forças espirituais do mal (espalhadas) nos ares" (Ef 6,12).

e) Nenhuma das alternativas está correta.

4. Analise as afirmações a seguir e indique se são verdadeiras (V) ou falsas (F) no que se refere ao Magistério da Igreja:

I. Uma equilibrada eclesiologia do Povo de Deus pode clarificar o papel do Magistério na Igreja. Assim, em uma compreensão eclesiológica positiva, crer na Igreja significa estar disposto a sempre aprender e ensinar.

II. O Magistério da Igreja é a instância teológica específica da Tradição eclesial que garante, de modo não arbitrário, a racionalidade na interpretação da Palavra.

III. O Magistério não deveria ser a última instância na interpretação da Palavra. O próprio teólogo poderia ratificar sua interpretação sem precisar do crivo dessa instância eclesial.

IV. Para estar em comunhão com o Magistério, basta apenas citar o parágrafo de um documento eclesial para justificar teologicamente uma questão de fé ou de moral.

V. Há necessidade de um embasamento no Magistério a fim de que a pesquisa teológica seja pautada também na autoridade eclesiástica presente nos documentos normativos eclesiais. Contudo, é preciso distinguir o peso normativo de cada um deles para não cometer equívocos teológicos decorrentes de uma obediência frágil e imatura. Por isso, critérios como autoria, destinatários, natureza da causa em questão, fontes e forma devem ser observados.

Estão corretas as afirmativas:
a) II, III e V.
b) I, II e V.
c) I, III e IV.
d) III, IV e V.
e) III e IV.

5. A respeito da relação da teologia com a práxis, é correto afirmar:
a) Ortodoxia, a sã doutrina, não pode e não deve ser correlacionada com ortopráxis, a prática correta. O teólogo ocupa-se apenas da ortodoxia. A prática correta é de responsabilidade de cada fiel, não devendo o teólogo opinar sobre o assunto.
b) O cristianismo, e consequentemente a vivência da santidade, não está relacionado à prática, mas sim apenas à aceitação da salvação mediante a fé. Portanto, o teólogo não deve opor-se a esse princípio ao propor, em sua reflexão, um conjunto de práxis.
c) Uma teologia desvinculada da práxis torna-se epistemologicamente mais forte, ou seja, mais científica, pois ajuda o teólogo a concentrar-se na análise e na interpretação dos dados da Revelação.
d) Ortodoxia e ortopráxis, do ponto de vista teológico, estão inter-relacionadas. De fato, não é possível pensar a prática sem ter um pano de fundo teórico e vice-versa.
e) Todas as alternativas estão corretas.

Atividades de aprendizagem

Questões para reflexão

1. Leia o fragmento a seguir, do documento *A interpretação da Bíblia na Igreja*, da Pontifícia Comissão Bíblica (1993):

   > A Igreja, efetivamente, não considera a Bíblia simplesmente como um conjunto de documentos históricos concernentes às suas origens; acolhe-a como Palavra de Deus que se dirige a ela e ao mundo inteiro no tempo presente. Esta convicção de fé tem como consequência a prática da atualização e da inculturação da mensagem bíblica, assim como os diversos modos de utilização dos textos inspirados, na liturgia, a *lectio divina*, o ministério pastoral e o movimento ecumênico.
   >
   > Já no interior da própria Bíblia [...] pode-se constatar a prática da atualização: textos mais antigos foram relidos à luz de circunstâncias novas e aplicados à situação presente do Povo de Deus. Baseada sobre as mesmas convicções, a atualização continua necessariamente a ser praticada nas comunidades dos fiéis.
   >
   > Os princípios que fundamentam a prática da atualização são os seguintes: a atualização é possível, pois a plenitude do sentido do texto bíblico dá-lhe valor para todas as épocas e todas as culturas (cf. Is 40,8; 66,18-21; Mt 28,19-20). A mensagem bíblica pode ao mesmo tempo tornar relativos e fecundar os sistemas de valores e as normas de comportamento de cada geração.
   >
   > A atualização é necessária, pois, se bem que a mensagem dos textos da Bíblia tenha um valor durável, estes foram redigidos em função de circunstâncias passadas e em uma linguagem condicionada por diversas épocas. Para manifestar o alcance que eles têm para os homens e as mulheres de hoje, é necessário aplicar a mensagem desses textos às circunstâncias presentes e exprimi-la

em uma linguagem adaptada à época atual. Isso pressupõe um esforço hermenêutico que visa discernir através do condicionamento histórico os pontos essenciais da mensagem.

A atualização deve constantemente levar em consideração as relações complexas que existem na Bíblia cristã entre o Novo Testamento e o Antigo, pelo fato de que o Novo se apresenta ao mesmo tempo como realização e ultrapassagem do Antigo. A atualização efetua-se em conformidade com a unidade dinâmica assim constituída.

A atualização realiza-se graças ao dinamismo da Tradição viva da comunidade de fé. Esta situa-se explicitamente no prolongamento das comunidades onde a Escritura nasceu e foi conservada e transmitida. Na atualização, a Tradição tem um papel duplo: ela procura, de um lado, uma proteção contra as interpretações aberrantes; ela assegura, de outro lado, a transmissão do dinamismo original.

Atualização não significa, assim, a manipulação dos textos. Não se trata de projetar sobre os escritos bíblicos opiniões ou ideologias novas, mas de procurar sinceramente a luz que eles contêm para o tempo presente. O texto da Bíblia tem autoridade em todos os tempos sobre a Igreja cristã e, se bem que passaram-se séculos desde os tempos de sua composição, ele conserva seu papel de guia privilegiado que não se pode manipular. O Magistério da Igreja "não está acima da Palavra de Deus, mas ele a serve, ensinando somente aquilo que foi transmitido; por mandato de Deus, com a assistência do Espírito Santo, ele a escuta com amor, conserva-a santamente e explica-a com fidelidade". (DV, 10)

Com base nesse texto e no que você verificou neste capítulo, escreva sua compreensão sobre a relação entre teologia, Sagrada Escritura, Tradição e Magistério.

2. Leia estes fragmentos do livro de Geffré (1989, p. 64-65; 68-70, do qual trata da teologia como ciência hermenêutica:

> Poderíamos descrever a teologia como fenômeno de escritura. De fato, como no caso de toda escritura, trata-se sempre de "reescritura". Em cada época de sua história, a teologia se atribui a tarefa de tornar mais inteligível e mais falante a linguagem já constituída da revelação. Essa linguagem é privilegiada e normativa para toda a fé da Igreja. Mas não podemos contentar-nos em repeti-la passivamente. Ela deve ser, sem cessar, reatualizada de maneira viva, em função de situação histórica nova e em diálogo com os recursos inéditos de dada cultura. A teologia é, pois, "reescritura" a partir de escrituras anteriores, não somente da Escritura-fonte dos dois testamentos, mas também das novas escrituras suscitadas por ela ao longo da vida da Igreja. [...]
>
> Contento-me aqui com resumir, em algumas proposições, os traços mais característicos dessa escritura teológica segundo o modelo "hermenêutico".
>
> 1. O ponto de partida da teologia como hermenêutica não é um conjunto de proposições imutáveis de fé, mas a pluralidade das escrituras compreendidas dentro do campo hermenêutico aberto pelo evento Jesus Cristo. A primeira escritura, enquanto colocação por escrito do testemunho prestado ao evento Cristo, é, também ela, ato de interpretação da primeira comunidade cristã. Em função de situação histórica nova, essa primeira escritura suscitou novas escrituras como atos de interpretação que testemunham inseparavelmente, sob a ação do Espírito, a experiência cristã fundamental e uma nova experiência histórica da Igreja. A teologia como hermenêutica é, pois, sempre fenômeno de reescritura a partir de escrituras anteriores. Podemos defini-la como um novo ato de interpretação do evento Cristo na base de correlação crítica entre a experiência cristã fundamental, testemunhada pela tradição, e a experiência humana de hoje.

2. O intellectus fidei da teologia enquanto hermenêutica não é ato da razão especulativa no sentido clássico do pensamento metafísico. Ele pode ser identificado com um "compreender histórico", sendo aí a compreensão do passado inseparável de interpretação de si e de atualização criativa voltada para o futuro. A escritura teológica, segundo o modelo "hermenêutico", é anamnese, no sentido em que é sempre precedida pelo evento fundador, mas é também profecia, no sentido em que só pode atualizar o evento fundador como evento contemporâneo, produzindo um novo texto e novas figuras históricas. Assim, a teologia, como dimensão constitutiva da tradição, é necessariamente fidelidade criativa.

3. Contrariamente ao método clássico da teologia dogmática, a teologia segundo o modelo hermenêutico não se contenta com expor e explicar os dogmas imutáveis da fé católica, mostrando seu acordo com a Escritura, com os Padres e com a tradição teológica. Muito mais: ela procura manifestar a significação sempre atual da Palavra de Deus, em sua forma escriturística, dogmática ou teológica, em função das novas experiências históricas da Igreja e do homem de hoje. Ela ignora, por isso, uma diferença fundamental entre uma teologia dita positiva, que faria o inventário histórico do "dado de fé", e uma teologia dita especulativa, que daria a explicação radical desse dado. Ela trata sempre com "objetos textuais", procurando decifrar seu sentido para hoje e procedendo, a partir deles, a uma nova escritura.

4. A teologia enquanto hermenêutica se alimenta de uma circum-incessão incessante entre a Escritura e a Tradição, que continuam sendo os lugares privilegiados de toda teologia. Ela procura uma nova inteligência da mensagem cristã, respeitando o círculo hermenêutico entre a Escritura e o Dogma, que, tanto um como o outro, dão testemunho à plenitude da Palavra de Deus, embora a Escritura seja a autoridade última (norma normans non normata) em relação às novas escrituras que ela suscitou na Igreja. A teologia dogmática saída da Contrarreforma lia a Escritura antes de tudo a partir das explicações ulteriores da tradição dogmática. A teologia segundo

o modelo "hermenêutico" não teme aplicar-se a uma reinterpretação dos enunciados dogmáticos a partir de melhor conhecimento da situação histórica que foi a ocasião de sua formulação e à luz de nossa leitura atual da Escritura, isto é, de leitura que tome em consideração os resultados irrecusáveis da exegese moderna.

Agora, com base no que você apreendeu até este capítulo, registre sua percepção em relação ao texto.

Atividade aplicada: prática

1. Leia atentamente o texto da Carta aos Romanos (12,1-8). Destaque no texto o que mais chamou sua atenção e depois partilhe, com pelo menos um colega, como você pensa em contribuir para a sociedade e sua comunidade estudando teologia.

6
Componentes para o êxito do labor teológico

Quando se fala em *labor*, o que lhe vem à mente? Essa é uma palavra originária do latim *labore* e significa um trabalho árduo e prolongado que exige empenho. O aprofundamento intelectual acerca de determinado objeto de estudo invoca o discernimento, ou seja, um apurado raciocínio em relação àquilo sobre o que o intelecto se debruça. *Conhecimento* é muito mais que uma série de informações coletadas e arquivadas na memória. Os computadores são bem mais eficientes que o ser humano nesse quesito. Por essa razão, o conhecimento é uma atividade intelectual viva, dinâmica e corresponde a um processo mental de busca, de indagações e de conexões entre as diversas informações acessadas que resultam sistematicamente em uma síntese do objeto estudado, identificando seu elemento fundamental e estabelecendo relações com outros dados dinamicamente. A informação pode ser comparada a uma lista de coisas que se vai acrescentando sem integrar o conhecimento. Para exemplificar: a informação é aquilo que se adquire em uma consulta ao dicionário, algo pontual, sem compromisso sistêmico com o todo. O conhecimento é o recurso de integração da informação, ou seja, não basta saber, é necessário integrar esse saber como parte de algo maior, que compõe um todo.

Morin (2003, p. 16) fala dos desafios atuais de certo descontrole do saber, em que o conhecimento é equivocadamente confundido com a informação:

> Por detrás do desafio do global e do complexo, esconde-se um outro desafio: o da expansão descontrolada do saber. O crescimento ininterrupto dos conhecimentos constrói uma gigantesca torre de Babel, que murmura linguagens discordantes. A torre nos domina porque não podemos dominar nossos conhecimentos. T. S. Eliot dizia: "– Onde está o conhecimento que perdemos na informação?". O conhecimento só é conhecimento enquanto organização, relacionado com as informações e inserido no contexto destas. As informações constituem parcelas dispersas de saber. Em toda parte, nas ciências como nas mídias, estamos afogados em informações.

Além disso, como já foi dito, os conhecimentos fragmentados só servem para usos técnicos – não conseguem conjugar-se para alimentar um pensamento capaz de considerar a situação humana no âmago da vida e de enfrentar os grandes desafios de nossa época. Assim, fica inviável integrar o conhecimento para a condução da própria vida (Morin, 2003).

Neste capítulo, portanto, discutiremos alguns componentes que contribuem para o êxito do labor teológico. De fato, não são facilidades ou saídas mágicas para um bom resultado, mas são algumas ferramentas técnicas e pessoais que favorecem a qualidade do trabalho científico da teologia.

6.1 Experiência de Deus

Uma condição indispensável, ainda que alguns questionem, é a necessidade, para o desempenho de uma boa teologia, de uma profunda experiência de Deus. Afinal, como tratar da fé e de Deus sem considerar a relação com ele? Para um cientista da religião, isso é possível por seu caráter epistemológico, que difere em fundamento da teologia. Boff (1999, p. 79) observa, a esse respeito: "Não se atreva a fazer teologia sem antes ter feito a experiência de Deus". A teologia não é uma ciência da razão absoluta, mas implica uma existência que se apoia na fé em Deus, revelado em Jesus Cristo. A própria raiz etimológica da palavra *teologia* designa a Palavra sobre Deus, mas um Deus com o qual não se estabelece relação gera estranheza, pois como falar de alguém que não se conhece? Evidentemente, esse conhecimento é humanamente limitado e parcial, mas não impossível.

A natureza da teologia católica é a fé cristã, a qual se dá no encontro com a pessoa de Jesus Cristo e, consequentemente, esse encontro se dá pela experiência. Conforme Quelquejeu e Jossua, citados por Eicher (2005, p. 301), "Somente assim é que a fé viva consegue apreender-se diante do Mistério, ratificar esta compreensão e expressar-se, e até captar e verificar em si mesma a marca daquilo que ela proclama na confissão de fé, enquanto ela foi conformada por esta". De fato, a fé afeta existencialmente, e não apenas intelectualmente, a forma de conhecer, ver a realidade e agir no mundo.

6.1.1 Senso do Mistério

Para não reduzir a teologia à antropologia, é importante que o teólogo não perca o senso do Mistério. Essa chamada de atenção é necessária por causa da sutil tentação moderna de deslocar o objeto da teologia de seu centro. Recordando uma questão teológica introdutória: o objeto material da teologia é Deus. De acordo com Boff (1999), o pensamento moderno ousa colocar o ser humano como centro de tudo, inclusive da teologia. O autor indaga que, "Se Deus é a cifra que decide o destino do ser humano do mundo, como não se debruçar sobre essa questão com o maior interesse e a máxima seriedade?" (Boff, 1999, p. 81).

De fato, essa é a premissa do labor teológico e, portanto, um fator inegociável. Na teologia, as questões antropológicas, sociais, políticas, econômicas e culturais têm sua razão de ser em decorrência do Mistério da fé. Inclusive, o impacto e a relevância desses assuntos na teologia são gravemente percebidos à luz da fé revelada. Essa percepção não é acidental, pois a fé lança um raio de luz inegável sobre a realidade presente, provocando sua reflexão e a necessidade de respostas tangíveis.

Para elucidar o fundamento dessa compreensão, o episódio da transfiguração ilustra a experiência transformadora dos discípulos com Jesus no Monte Tabor (Mt 17,1-8; Mc 9, 2-8; Lc 9,28-36). Na mitologia grega, a *metamorphosis* indica mudança de forma e de aspecto. Mas não é dessa maneira que o termo é usado. Ele expressa que o significado teológico da Revelação, embora nos ultrapasse, não é obscuro. O senso do Mistério nos faz enxergar o mundo transfigurado, não como uma farsa, mas o vê em sua realidade mais profunda e incita sua reflexão, conduzindo sua descida para agir no mundo.

6.1.2 Oração

A pessoa humana é um mistério profundo, e, no fundo desse mistério, habita o espírito. Toda pessoa precisa se encontrar com o absoluto, dentro e fora de si mesma; estes são dois chamados que toda pessoa sente. Orar, nesse sentido, é algo profundamente humano, que responde a uma necessidade antropológica fundamental. De maneira mais concreta, a oração cristã não se refere a um Deus genérico ou abstrato, mas a um Deus muito particular e real, revelado em Jesus Cristo.

Assim, não é cristã uma oração que não una em si a cruz do Senhor, encarnando as dimensões horizontal (o mundo, as pessoas, as questões sociais etc.) e vertical (Deus, a alma etc.) da vida. Por ser cristã, a oração é naturalmente bíblica. Isso sempre foi presente na vida da Igreja dentro das mais diferentes teologias e escolas de espiritualidade. E hoje, essa realidade não é diferente, mas permanece crescente e necessária na vida de todo cristão.

O caminho da oração é um caminho teológico, de crescimento na fé e no conhecimento de Deus. Segundo Santa Teresa de Jesus (1515-1582), "a alma se entrega toda a amar o que o intelecto procurou conhecer" (Teresa de Jesus, 1983, p. 174). O Catecismo da Igreja Católica – CTI (2012, n. 1251) afirma que "a oração cristã é uma das formas de crescimento na Tradição da fé, sobretudo pela contemplação e pelo estudo dos fiéis que guardam em seu coração os acontecimentos e as palavras da economia da salvação, e pela penetração profunda das realidades espirituais que eles experimentam". Assim, o teólogo cristão despende espaço para o cultivo de sua espiritualidade pela via da oração.

6.2 Competência intelectual

Sem dúvida, a excelência de um trabalho científico passa pelo exímio desempenho intelectual. O apelo emocional não convence cientificamente; o que exige, portanto, o empenho do intelecto a fim de que saibamos dar razões da nossa esperança (1Pd 3,15). De um bom teólogo, além dos outros componentes citados, é exigida competência intelectual, a qual é obtida o conhecimento e trabalho das aptidões de raciocínio e de honestidade, ou seja, a consciência da verdade de que todo saber é limitado e carente de aprendizado constante. Segundo Brighenti (2004), são muitos os fatores que implicam no êxito ou não do rendimento acadêmico. O autor, porém, os resume em quatro: as aptidões intelectuais; os conhecimentos prévios; a motivação; e a aplicação de técnicas de estudo adequadas. Para isso, há três aspectos relevantes no desempenho da competência intelectual: o primeiro deles é o cultivo do intelecto, o segundo indica as variadas aptidões e o terceiro chama a atenção para a honestidade intelectual.

Quando se fala em cultivar alguma coisa, é preciso cuidado e dedicação a ela, a exemplo do cultivo de uma plantação. Cultivar implica um cuidado continuado, metódico e paciente, tendo consciência de que o fruto não nasce magicamente. Pelo contrário, há processos entre a semente e o fruto que não se pode pular (*natura non facit saltus*[1]). Sertillanges (1940, p. 10) destaca essa importância à imagem do trabalhador honrado:

> O gênio é longa paciência, mas paciência organizada, inteligente. Não se requerem faculdades extraordinárias para realizar uma obra; basta uma média superior; o resto, fornece-o a energia e a arte de a aplicar. Sucede aqui o que sucede a um operário honrado, poupado e fiel ao trabalho: chega ao termo, quando muitas vezes o inventor fracassa por causa de irritações e pressas.

O cultivo do intelecto se dá por fatores ambientais e volitivos, mas seu êxito decorre mais da vontade decidida e ordenada para esse fim, por meio de técnicas de estudo aplicadas, frequência de leituras, autodisciplina e concentração, de modo repetitivo e progressivo. Portanto, o sujeito se move para o objeto de estudo por essas e outras vias, de maneira ativa e não passiva e desinteressada.

Uma vez que a aptidão indica uma capacidade para desempenhar certa habilidade, o raciocínio humano também tem aptidões especificamente diferentes entre as pessoas. Para exemplificar, você pode recordar quais eram as disciplinas nos anos de ensino fundamental

---

1 "A natureza não dá saltos". Expressão latina que expressa a lei da progressão.

com as quais se identificava mais. Mesmo estudando para todas as provas, algumas disciplinas não lhe pareciam tão difíceis ou desinteressantes quanto outras que você percebia ter menos habilidade. Evidentemente, se você não estudasse para nenhuma delas ou se dedicasse pouco a todas elas, tal identificação ficaria prejudicada.

Há quem divida o raciocínio humano em duas categorias: o lógico e o abstrato; outro grupo destaca a diferença entre os raciocínios indutivo e dedutivo. A literatura apresenta ainda outras aptidões de raciocínio. Aqui, de modo sintético, analisaremos quatro aptidões distintas a fim de introduzir uma leitura ao assunto, colaborando para sua autopercepção intelectual:

- **Raciocínio verbal**: aptidão cognitiva da inteligência que consiste no processo de percepção, aquisição, coordenação e emprego do conhecimento por meio da linguagem.
- **Raciocínio espacial**: aptidão cognitiva da inteligência que consiste na capacidade de criar e manipular as visualizações mentais.
- **Raciocínio abstrato**: aptidão cognitiva que caracteriza a capacidade de abstração por meio de conceitos e ideias que não são palpáveis concretamente.
- **Raciocínio numérico**: aptidão cognitiva que caracteriza a capacidade de trabalhar mentalmente com números em problemas quantitativos.

Descobrir qual é sua maior aptidão de raciocínio pode alavancar seus estudos, direcionando-os para a área em que você faça um uso maior dessas habilidades. Aquele que se embrenhou na teologia pode aprender a desenvolver a habilidade de raciocínio específica nas estruturas arquitetônicas de sua reflexão.

O conhecimento é sobre adquirir um legado que nos antecedeu e ao qual podemos dar continuidade. Na Antiguidade, para que um texto tivesse peso, utilizava-se a autoridade de um nome, ainda que o autor do original fosse outra pessoa. Atualmente, o caminho tem sido inverso: a pessoa utiliza um texto escrito por outra, muitas vezes autoridade no assunto, e o toma como seu, referenciando a si mesma como autora da obra:

> Quando alguém tem resposta para todas as perguntas, demonstra que não está no bom caminho e é possível que seja um falso profeta, que usa a religião para seu benefício, ao serviço das próprias lucubrações psicológicas e mentais. Deus supera-nos infinitamente, é sempre uma surpresa e não somos nós que determinamos a circunstância histórica em que o encontramos, já que não dependem de nós o tempo, nem o lugar, nem a modalidade do encontro. Quem quer tudo claro e seguro pretende dominar a transcendência de Deus. (GE, 2018, n. 41)

A honestidade intelectual consiste em reconhecer que não sabemos a respeito de tudo, até mesmo sobre aquele conhecimento que é de nossa alçada; reconhecer o produto intelectual do outro, referenciando as fontes citadas; considerar os escritos de um autor clássico e contextualizá-lo historicamente; e admitir que é preciso combater a arrogância intelectual que constantemente nos assalta nesse caminho. Cabe pensarmos também que, com a acessibilidade aos conteúdos por meio da internet, cresce o número de obras disponíveis para pesquisa, mas nem sempre os textos são referenciados corretamente. De fato, há uma imensidão de conteúdos disponíveis e muitas vezes aparece de modo repetitivo o mesmo texto, ora com referência adequada, ora equivocada, ora sem referência alguma. Afirmar que tudo o que está na nuvem é incorreto ou de pouca qualidade seria desonesto, pois há muito conteúdo confiável disponível. Contudo, é preciso saber garimpar.

6.3 Hábitos de estudo

O estudo, na qualidade de trabalho intelectual e, por vezes, profissional, exige um empenho cognitivo complexo de energia vital. Obviamente, quem queira pode se comprometer de forma não autêntica com a pesquisa e se tornar, com isso, um teólogo medíocre, que realiza uma teologia superficial. A obtenção de êxito no trabalho depende, sobretudo, de que ele se torne um hábito repetitivo de energia e habilidade; na condição de hábito, não ocorre de modo ocasional e aleatório, sem compromisso. Para Aristóteles (1987, p. 27), a virtude ou a excelência moral é resultado do hábito, "nem por natureza nem contrariamente à natureza a excelência moral é engendrada em nós, mas a natureza nos dá a capacidade de ajudá-la, e esta capacidade se aperfeiçoa com o hábito". Estudar com êxito exige hábito, que se alcança com determinação e disciplina.

Os resultados obtidos pelo pesquisador durante o exercício de pesquisa excedem uma disciplina por imposição externa, pois ela parte de dentro da própria pessoa. Não no sentido de mover-se pelo sentimento, mas, sim, pelo comprometimento consciente do estudo: o que pode ser denominado como autodisciplina. Isto é, trata-se de uma disciplina que vem de uma determinação interna da pessoa, e não do estímulo de alguém sobre ela. É próprio do perfil de um pesquisador, independentemente da área do conhecimento, ter iniciativa interior para a pesquisa, debruçando-se no estudo. Todavia, essa iniciativa interior procede da paixão pelo objeto de estudo e do nobre sentimento de dever e compromisso intelectual e moral com o conhecimento.

Todavia, essa atitude não vem sem resistências e desafios, mas trata-se de um dever, um compromisso assumido interiormente. Segundo Sertillanges (1940), quando o ofício tem uma finalidade nobre, ainda que o tempo disponível seja pouco, se bem administrado, mergulhando no propósito de estudo, será um manancial que sacia e aumenta a sede ininterruptamente.

Há outro fator que contribui significativamente para o bom êxito nos estudos: é a ambientação, que interfere no rendimento psicofísico do estudante. De fato, um ambiente agradável, arejado e ergonomicamente adequado favorece o desempenho do estudante. De preferência, que seja quase sempre o mesmo local, a fim de criar uma identificação psicológica que o reoriente ao estudo. O clima de silêncio interior e do próprio ambiente ajuda na concentração. Eliminar ruídos como as notificações do celular e os sons das chamadas telefônicas é necessário se você quiser render no tempo dedicado aos estudos. Se possível, deixe-o desligado ou silencie-o completamente. Há quem prefira uma música de fundo para proporcionar mais relaxamento. É importante que seja uma música instrumental, pois a letra de uma música pode desviar a atenção do texto. Há estudos recentes que reconhecem alguns sons semelhantes aos ruídos produzidos enquanto estamos no útero materno que relaxam os bebês e podem potencializar a concentração dos adultos.

Caso essas orientações não sejam integralmente aplicáveis, procure superá-las o máximo possível, dentro das condições plausíveis. Além dos aspectos já citados, o descanso e uma alimentação adequada influenciam no bom êxito de um trabalho intelectual.

Segundo Galliano (1986, p. 71),

> em qualquer meio intelectual a leitura constitui um dos fatores decisivos do estudo. É principalmente através dela que as pessoas ampliam e aprofundam seu campo cultural, porque os textos formam uma fonte praticamente inesgotável de ideias e conhecimentos. Portanto, é preciso ler, sempre e muito.

Todavia, como o autor prossegue, é preciso ler, mas saber ler fará toda a diferença no resultado da leitura realizada. Como vivemos em um contexto sociocultural marcado pelo excesso de informações e grande variedade de conteúdo, nem sempre qualificado, é importante saber selecionar. Por isso, uma avaliação prévia de uma obra ou de um texto auxiliará a ganhar tempo com o conteúdo que realmente lhe importa. Galliano (1986, p. 74) sugere: "toda vez que um livro lhe despertar interesse, tome-o nas mãos e examine-o – ainda que sumariamente – para verificar do que se trata".

A eficiência de uma leitura requer dedicada atenção e concentração intelectual. Sem essa atitude primária, não valerão as técnicas de estudo aprendidas. A capacidade de absorção do conteúdo lido depende mais da atenção empenhada do que do longo tempo dedicado a ele. Por exemplo: uma leitura vagarosa pode comprometer o entendimento do texto. É necessário desenvolver certo ritmo de leitura.

6.4 Imersão na realidade

O teólogo sabe que a autenticidade de sua reflexão depende de sua capacidade de estar inserido na realidade. Para tanto, é necessário superar a ideia de uma teologia desconectada da realidade e da história, pois é na trama da vida que o fazer teológico acontece e por essa razão é resposta de sentido à existência. Ele coleta os dados das fontes reveladas na Sagrada Escritura, na Tradição, na história da humanidade e nos grandes teólogos do passado, mas não sem uma conexão profunda com a realidade que permeia atualmente a condição humana. Sem essa imersão na realidade, a teologia corre o risco de ser uma peça de museu, até muito bela, mas inútil para a vida atual.

O princípio da encarnação não nos deixa acomodados em nossas reflexões cristãs, uma vez que, quando autênticas, nos arremessam no mundo como elemento transformador da realidade. Tudo em nós vai sendo perpassado pela presença de Deus, em uma relação dialética e sincrônica de comunhão com a criação e conosco mesmos. Deus é relação e esse dado torna-se constitutivo da identidade humana. É importante lembrarmos que, pela própria humanidade de Jesus Cristo, somos chamados a ir além, moldando-nos à sua pessoa.

Deus, sobre o qual o teólogo reflete, é eterno, mas o teólogo está inserido no tempo por sua condição histórica:

> se todos os tempos são iguais perante Deus, se a sua eternidade é centro irradiante, a igual distância do qual correm todos os pontos da circunferência do tempo, não sucede o mesmo na relação dos tempos conosco, que habitamos a circunferência. Estamos aqui, na vasta roda, não noutra parte. Foi Deus que nos colocou aí. (Sertillanges, 1940, p. 16)

O Concílio Vaticano II, na constituição pastoral *Gaudium et Spes* (1965, n. 1), analisa de modo cirúrgico essa questão: "As alegrias e as esperanças, as tristezas e as angústias dos homens e das mulheres de hoje, sobretudo dos pobres e de todos os que sofrem, são também as alegrias e as esperanças, as tristezas e as angústias dos discípulos de Cristo. E não há nada de verdadeiramente humano que não lhes ressoe no coração". Por essa razão, a teologia se faz a partir de seu lugar no tempo e na história e Deus se revela aí armando sua tenda entre nós (Jo 1,14):

> Não nos assemelhemos aos que dão sempre a impressão de pegar às borlas do caixão nos funerais do passado. Utilizemos, como vivos, o valor dos mortos. A verdade é sempre nova. Todas as virtudes antigas querem reflorescer, exatamente como a erva da madrugada beijada pelo orvalho. Deus não envelhece. É mister ajudá-lo a renovar, não os passados enterrados, nem as crônicas extintas, mas a eterna face da terra. (Sertillanges, 1940, p. 17)

O Papa Bento XVI, em seu discurso de abertura na Conferência de Aparecida (2007), argumenta sobre o conceito de realidade. Para o religioso alemão, a realidade fundante e por isso decisiva é Deus. Nesse sentido, estar imerso na realidade não é dar um tempo na mente para Deus e voltar-se para as questões sociais, econômicas, culturais e políticas. Voltar-se para essas questões é voltar-se para Deus, para o mundo criado por ele com desígnio salvífico. Porque, de fato, "quem exclui Deus do seu horizonte falsifica o conceito de realidade e, por conseguinte, só pode terminar por caminhos equivocados e com receitas destruidoras" (Bento XVI, citado por Celam, 2007, p. 7).

Nesse sentido, vale afirmarmos, conforme Libânio e Murad (2003, p. 318), que "a história da salvação estende-se como o horizonte no qual se creem as verdades reveladas em sua radical unidade, já que o ato de fé não termina no enunciado, mas na realidade do próprio Deus que – *gestique verbis* (em gestos e palavras) – se nos comunica ao longo da história e em etapas". Em outras palavras, a fé cristã só pode ser assimilada e refletida na realidade, à luz de Jesus Cristo. Por sua encarnação, ele é o pontífice que vence o abismo entre o tangível e o inatingível, entre o eterno e o temporal, entre o visível e o invisível.

6.5 Convivência humana

O caminho intelectual, que se dá pela dedicação ao estudo e à desenvoltura do pensamento reflexivo exige, muitas vezes, espaços de solidão. De fato, é uma necessidade para o intelecto aprimorar sua atenção, mas não é a única. Por isso, não se deve confundir solidão com isolamento, o fechamento em si mesmo, responsável por afastar o ser humano de uma saudável e necessária convivência. Para Sertillanges

(1940, p. 14), exatamente em virtude de sua vocação cristã intelectual, o ser humano não deve isolar-se:

> Seja qual for a sua situação, julguem-no abandonado ou retirado materialmente, não deve deixar-se tentar pelo individualismo, imagem deformada da personalidade cristã. Se a solidão vivifica, o isolamento paralisa e esteriliza. À força de ser alma, cessa-se de ser homem, diria Vitor Hugo. O isolamento é inumano; porque trabalhar humanamente é trabalhar com o sentimento do homem, das suas necessidades, das suas grandezas, da solidariedade que nos liga numa vida estreitamente comum.

É importante frisarmos: não se faz teologia de portas fechadas para o mundo, de costas para o outro. Excluir-se do convívio humano e social soa muitas vezes como arrogância e autossuficiência. Mesmo quando se senta para estudar e escrever em uma solidão positivamente necessária, você deve trazer o sentimento de pertença a uma comunidade eclesial, a uma sociedade humana e a uma casa comum. É no espírito de um humanismo solidário que a teologia pode falar sobre Deus encontrando eco no coração e no intelecto humano.

Evidentemente, a convivência humana é uma trama de relações marcada por desafios, contrastes, conflitos de interesse, gostos distintos e visões diferentes que compõem a unicidade de cada ser humano, assim como sua ambiguidade, tanto em âmbito pessoal como relacional. Todavia, essa diversidade tem um fundamento de unidade e dignidade que é sermos todos criados à imagem e semelhança de Deus (Gn 1,26). Fomos constituídos em responsabilidade recíproca de uns pelos outros. E constantemente no sacrário da consciência, na presença de Deus somos interpelados pela pergunta: "Onde está teu irmão?". Soa estranho que um teólogo responda simplesmente: "Não sei, por acaso sou guarda do meu irmão?" (Gn 4,8-10).

Síntese

Neste capítulo, procuramos demonstrar que o conhecimento é uma atividade intelectual viva e dinâmica e diz respeito a um processo mental de busca e indagações das informações acessadas, estabelecendo novas conexões com outros dados simultaneamente. Entre todas as buscas, a experiência de Deus é para o teólogo uma premissa indispensável. Para tanto, é necessário ter presente o senso do Mistério em espírito de oração com aquele que é o objeto de suas reflexões. Um dos componentes no êxito do trabalho teológico é, sem dúvida, a competência intelectual, que exige cultivo, desenvolvimento das aptidões de raciocínio e honestidade intelectual. Estudar é um trabalho que exige um empenho cognitivo de energia vital. E todo bom trabalho se dá pelo hábito constante.

Outro aspecto trabalhado neste capítulo foi a importância de o teólogo estar inserido na realidade, na trama da vida. Por isso, o fazer teológico é uma resposta de sentido à existência humana. Ainda nessa perspectiva, destacamos a importância da convivência humana, uma vez que as pessoas são constituídas em responsabilidade recíproca de umas pelas outras e o teólogo reflete mais adequadamente nessa tessitura da vida.

Atividades de autoavaliação

1. Leia as afirmações a seguir e assinale a alternativa correta:
   a) O conhecimento pode ser comparado a uma lista de coisas que vão sendo acrescentadas, a uma série de informações coletadas e arquivadas na memória.
   b) Na teologia católica, o teólogo deve se abster de sua experiência de fé para alcançar seu mais alto potencial de reflexão crítica.

c) O objeto material da teologia é Deus. Portanto, o teólogo, para tratar de fé e de Deus, necessita considerar sua relação com Ele. Por isso, é importante que o teólogo não perca o senso do Mistério e alimente sua relação com Deus por meio da oração bíblica.
d) Teologia, Mistério e vida de oração não devem ser confundidos, pois a relação de fé do teólogo é exclusivamente de foro íntimo, sem relevância para sua pesquisa.
e) Nenhuma das alternativas está correta.

2. Analise as afirmativas a seguir e assinale (V) para verdadeiro e (F) para falso:
( ) De um bom teólogo, além de abertura ao Mistério e oração, espera-se competência intelectual, aptidões de raciocínio e honestidade intelectual.
( ) Cultivar o intelecto implica um cuidado continuado, metódico e paciente, com a consciência de que o fruto não nasce magicamente.
( ) Não existem aptidões de raciocínio. Os seres humanos conta com apenas um modo de pensar e o que os diferencia uns dos outros são suas técnicas.
( ) A honestidade intelectual consiste em reconhecer que não sabemos a respeito de tudo; reconhecer o produto intelectual do outro, referenciando as fontes; considerar os escritos de um autor clássico e contextualizá-lo historicamente; bem como combater a arrogância intelectual que constantemente nos assalta.

Assinale a alternativa que representa a sequência correta:
a) F, V, F, V.
b) F, F, V, V.

c) V, V, V, F.
d) V, V, F, V.
e) V, V, V, V.

3. A respeito dos hábitos de estudo, indique a afirmativa correta:
   a) Estudar não pode ser considerado um trabalho intelectual, por isso se diz, no senso comum: "Ele está apenas estudando".
   b) Quem leva a sério o caminho intelectual e o assume como profissão precisa ter bem presente em sua jornada que estudar é um trabalho e exige um empenho cognitivo complexo de energia vital.
   c) Deve-se estudar apenas aquilo que é solicitado e quando os professores obrigam a fazê-lo. Afinal, estudar demanda tempo (algo escasso nos dias atuais).
   d) O teólogo deve ler somente aquilo de que gosta e tem facilidade para não perder tempo e poder apoiar as ideias de que mais gosta, sem também contaminar-se com concepções diferentes da sua.
   e) Todas as alternativas estão corretas.

4. Leia as afirmações a seguir, acerca da relação do teólogo com a realidade:
   I. É necessário superar a ideia de uma teologia desconectada da realidade histórica, pois é na trama da vida que o fazer teológico acontece e por essa razão é resposta de sentido à existência.
   II. O teólogo coleta os dados das fontes reveladas na Sagrada Escritura, na Tradição, na história da humanidade e nos grandes teólogos do passado, mas não deveria fazer conexão com a realidade que permeia atualmente a condição humana, pois este é o papel de outras ciências.

III. Deus, objeto de reflexão do teólogo, é eterno, mas o pesquisador teólogo está inserido no tempo por sua condição histórica. Por essa razão, a teologia se faz com base em seu lugar no tempo e na história e aí Deus se revela, armando sua tenda entre nós (Jo 1,14).

IV. Estar imerso na realidade é dar um tempo na mente para Deus e voltar-se para as questões sociais, econômicas, culturais e políticas.

V. A realidade fundante e, por isso, decisiva é Deus. Voltar-se para as questões sociais, econômicas, culturais e políticas é voltar-se para Deus e para o mundo criado por Ele com desígnio salvífico.

Assinale a alternativa correta:
a) Apenas as afirmativas II, III e IV estão corretas.
b) Apenas as afirmativas I, III e V estão corretas.
c) Apenas as afirmativas I, III e IV estão corretas.
d) Apenas as afirmativas II e V estão corretas.
e) Todas as afirmativas estão corretas.

5. Analise as afirmativas a seguir e indique a correta:
a) O caminho intelectual exige, muitas vezes, espaços de solidão. Entretanto, não se deve confundir solidão com isolamento, pois o fechamento para o outro afasta o ser humano de uma saudável e necessária convivência.
b) Não se faz teologia de portas fechadas para o mundo e para o outro. Excluir-se do convívio humano e social soa muitas vezes como arrogância e autossuficiência.
c) Mesmo quando se senta para estudar e escrever em uma solidão positivamente necessária, você deve trazer o sentimento de pertença a uma comunidade eclesial, a uma sociedade humana, a uma casa comum.

d) O teólogo deve estar inserido na realidade, na trama da vida. Por isso, o fazer teológico é uma resposta de sentido à existência humana.
e) Todas as alternativas estão corretas.

Atividades de aprendizagem

Questões para reflexão

1. Como aprofundamento deste capítulo, leia este fragmento da obra de Boff (2014, p. 95-96, grifo do original):

> Na raiz da teologia encontra-se o interesse, o gosto e mesmo a paixão pelo seu assunto: Deus e seu plano. Estudar teologia por qualquer outra finalidade, como somente para o ministério, pior ainda, para fazer carreira, degrada a atividade teológica. O estudo da teologia se coloca em linha direta com a fé. Sem amor pelas coisas da fé, a teologia não passa de trabalho forçado. E leva necessariamente ao enfado.
>
> Mas como tomar gosto ou, pelo menos, como aumentar o gosto pela teologia?
>
> 1) Antes de tudo, *aprofundando a própria fé*. O gosto pelo estudo da teologia faz parte da própria fé. Como vimos, quem crê ama saber as razões por que crê. A fé não é no fundo outra coisa senão o gosto pelas coisas divinas. Com a fé, temos a sabedoria, como do espírito, que nos dá a faculdade de saborear as coisas de Deus. "Onde está o teu tesouro, lá também está teu coração" (Mt 6,21).
>
> 2) Depois, *buscando ver a relevância da fé para a vida*. Trata-se de perceber a importância da fé no assumir e transformar a existência segundo o Reino de Deus. Em particular, quando alguém se dá conta de quanto a teologia pode ajudar o povo oprimido a se libertar, então o interesse por ela cresce mais ainda. Tudo isso vale mais ainda para quem se sente especialmente chamado ao trabalho apostólico. Esse naturalmente ama entender a Palavra que vai anunciar.

3) Por fim, *através do próprio estudo da teologia*. "O apetite vem comendo". Quer dizer: a prática da teologia pode ser inicialmente trabalhosa, mas com o tempo se torna menos difícil e chega mesmo a ser gratificante.

Portanto, o teólogo é no fundo o "filó-logo" por excelência, ou seja, o amante do *logos* divino. O ato teológico é um ato amoroso. E isso no duplo sentido da palavra "amor": *eros* e *agapé*.

É ato com dimensão *erótica*, porque supõe um amor-interesse, no sentido de desejo, ambição ou paixão. Sob esse aspecto, a teologia é um amor de procura interesseira, que em algumas vocações chega a ser quase uma compulsão. Interessa-nos, em verdade, saber qual é o sentido da fé para nós pessoalmente e para nossa realização plena.

Mas a teologia é também contemplação e ato *agápico*, porque implica num amor-entrega ao Mistério, num amor feito de escuta, de obediência e serviço à Palavra. No sentido de *agapé*, teologia é amor de procura gratuita, desinteressada e livre da realidade divina.

Síntese de *eros* e *agapé*, o ato teológico é um ato sobretudo *agápico*. Nele o *eros* é assumido, animado e dirigido pelo *agapé*, na medida em que este é docilidade ao objeto-sujeito da teologia, que é Deus mesmo.

Com base nesse texto e no que você aprendeu deste capítulo, escreva uma síntese daquilo que você considerou mais relevante para sua formação teológica.

2. Leia e reflita sobre este fragmento do livro *Confissões*, de Santo Agostinho (2008, p. 117-118):

> Senhor, Deus da verdade (cf. Sl 30,6), será suficiente conhecer essas coisas para te agradar? Infeliz o homem que conhece tudo isso e não te conhece. Feliz aquele que te conhece, ainda que ignore o resto. Aquele que te conhece a ti e também as outras coisas, não

mais feliz por esse conhecimento, mas somente por conhecer a ti, e conhecendo-te, te glorifica pelo que és, e te rende graças, e não se perde em vãs reflexões. De fato, aquele que se reconhece possuidor de uma árvore e te é grato pelo uso que dela pode fazer, ainda que não saiba qual a altura ou largura dela, é melhor do que aquele que a mede, lhe conta os galhos, mas não a possui e não conhece nem ama o criador dela. Do mesmo modo, a pessoa de fé possui todas as riquezas do mundo (cf. Rm 1,21) e, mesmo que nada tenha, é como quem tudo possui (cf. 2Cor 6,10), pois está unida a ti, Senhor de todas as coisas, pouco importando se nada sabe sobre o percurso da Ursa Maior! Seria loucura duvidar de que está em melhor situação do que aquele que sabe medir os céus, contar as estrelas e pesar os elementos, e, no entanto, despreza a ti, que tudo dispuseste com medida, quantidade e peso. (Sb 11,20)

Agora, reescreva esse texto, com suas palavras, considerando tudo o que você estudou ao longo desta etapa.

Atividade aplicada: prática

1. Avalie como você organiza seu estudo, em que condições o realiza, quanto tempo aplica a ele, se consegue conciliar estudo e oração, solidão e convivência etc. Em seguida, caso não tenha uma programação de estudo, elabore uma. Pode ser por meio de uma planilha, escrita à mão em um papel ou com a ajuda de algum aplicativo (use o recurso que você tenha mais facilidade de gerir). Seja realista e considere metas que o estimulem e sejam alcançáveis. Assim, quando as alcançar, poderá elevar o "nível da régua".

Considerações finais

Apresentamos algumas considerações finais sobre a obra, não como um fechamento, mas como um horizonte que se abre para aprofundarmos a reflexão sobre o tema. Entre as mais variadas linhas do pensamento teológico no cristianismo e no catolicismo, há um fio de ouro que entrecruza todas elas, dando uma unidade de princípio e de fundamento, e, sobre esse princípio fundamental, Jesus Cristo, que todo o edifício se estrutura (Ef 2,21).

O processo do conhecimento científico supõe que o objeto tenha o primado sobre o sujeito. Na teologia, esse dado ganha um peso ainda maior, sendo que o conceito clássico compreende que o objeto teológico é o próprio Deus revelado. A dialética do aprendizado compreende que o objeto ensina à medida que é interrogado, investigado e buscado: "Buscar-me-eis e me achareis quando me buscardes com todo o vosso coração" (Jr 29,13). Foi nesse espírito de busca na potência do intelecto e do coração que fizemos nosso caminho até aqui.

Nessa perspectiva, retomamos uma reflexão do astrofísico Marcelo Gleiser em uma entrevista ao jornal *Folha de S.Paulo* (2011), na qual ele enfatiza o caráter transcendente da busca do conhecimento, tanto do ponto de vista científico como religioso, quando há uma busca honesta de significado do mundo:

> Vejo a ciência, no aspecto mais puro e humano, como uma busca por transcendência, em que o espírito humano se une ao mundo natural para criar novas formas de pensar a nossa existência e, por meio da tecnologia, para criar expressões materiais dessa comunhão. Sob esse prisma, os caminhos da razão e do espírito são um só, simbolizando a essência do ser humano, que é a busca por significado num mundo cheio de mistérios.

Considerando *Mistério* o conhecimento do mundo (ciências naturais, exatas e humanas) e o conhecimento de Deus (teologia), é salutar reconhecer que, humanamente, há um limite. O próprio Santo Tomás, citado por Libânio e Murad (2003, p. 105), ao deparar-se com a imensa obra produzida por ele e com o mistério insondável de Deus, declara: "Tudo o que escrevi me parece palha em comparação com o que me foi revelado". Quanto mais conhecemos, estudamos e investigamos, mais aprendemos e nos damos conta de que nosso saber é limitado diante da imensidão que nos é apresentada. Por essa razão, a teologia utiliza níveis de linguagem variados, de acordo com as possibilidades de acesso do interlocutor, afinal, a teologia cristã trata do Deus revelado, e tal Revelação nada mais é que sua autocomunicação com o ser humano. De fato, a teologia é um discurso sobre Deus do modo mais inteligível possível. É importante conhecer a estrutura comunicativa de cada linguagem a fim de perceber a especificidade de cada uma e sua interação com as demais.

Sendo uma obra centralizada nos fundamentos científicos da teologia, a linguagem acadêmico-científica ganha um lugar de destaque, dispondo o intelecto e todas as capacidades cognitivas para refletir a fé com rigor científico, em plena abertura à graça divina, exatamente porque a cientificidade da teologia não exclui o primado da graça, mas o integra como parte de seu caráter epistemológico, interdisciplinar e hermenêutico. O que pode descaracterizá-la é a recusa do pêndulo da fé (do coração, do espírito e da prática) ou a recusa do pêndulo da razão (da ciência, do pensamento crítico e da teoria). Revisitar os grandes teólogos que atravessaram séculos, períodos e tendências, ainda que não estejam ilesos a elas, auxilia na desenvoltura de uma teologia que, embora necessariamente se atualize, permanece condensada em conteúdo sólido.

Em relação ao método teológico, você foi apresentado aos três movimentos internos da teologia: *auditus fidei*, *intellectus fidei* e *applicatio fidei*, e em seguida a perspectiva dos métodos dedutivo e indutivo. Há quem os considere métodos opostos, porque de fato um método aparece de modo mais evidente em um teólogo do que em outro. Todavia, o enfoque em uma teologia autenticamente integral deve considerar o tríplice movimento interno, conjugando *fides quae* e *fides qua* dinamicamente. Evidentemente, não é uma tarefa fácil, mas esse é o protocolo do método teológico. Há quem quebre o protocolo? Sim. Mas a excelência de uma obra científica sabe respeitar a complexidade de sua arquitetura.

Entre as condições epistemológicas da teologia, o embasamento na Escritura, na Tradição e no Magistério é seu tripé clássico, porém ele deve seguir critérios de discernimento específicos. Por exemplo: em relação à Escritura, consiste no estudo da exegese e da hermenêutica bíblica; no que se refere à Tradição e sua contextualização histórica; quanto ao Magistério, incide sobre os critérios de análise da autoridade e normatividade de um documento ou pronunciamento eclesial. Essas são algumas questões enunciadas a fim de atentar para a necessidade de uma fundamentação mais aprimorada do discurso teológico, na inter-relação entre a ortodoxia e a ortopráxis, pois a fé ilumina a prática, e esta também ilumina a fé dialeticamente.

A obra abordou, ainda, os componentes no êxito do labor teológico. Entendendo o conhecimento como uma atividade intelectual viva e dinâmica, sendo que a teologia o é ainda mais, pois seu objeto de estudo é o Deus vivo e verdadeiro. A experiência de Deus entra como primeiro componente, atentando para dois aspectos: o senso do Mistério e a oração, caminho de diálogo e relacionamento com ele. Embora alguns autores dispensem esse componente como desnecessário, esse posicionamento decorre do equívoco de comparar teologia com ciência da religião, dois campos do saber aproximados e que contribuem-se reciprocamente. No entanto, cada um tem seu postulado distinto.

Vimos que a competência intelectual exige, para que seja desenvolvida, o cultivo do intelecto, o conhecimento das aptidões de raciocínio e o exercício constante da honestidade intelectual. Tomar consciência de que o estudo sério e comprometido é um trabalho que exige hábito constante é um ponto indispensável na carreira de um teólogo que preze pelo rigor científico de sua reflexão.

Por fim, estar inserido na realidade é o pressuposto de uma teologia cristã de fato, a qual, pelo princípio da encarnação do Verbo (Jo 1,14), tem seus pés no chão da história e suas mãos na trama da vida. É preciso considerar que não se insere na realidade sem o convívio com outras pessoas de carne e osso, marcadas por ambiguidades que compõem sua biografia e seus relacionamentos. Muitas delas podem nos ensinar coisas surpreendentes a respeito de Deus, do ser humano, das relações e do cosmos. Afinal, são teólogos que podem não deter o saber científico, mas que ocupam a cátedra da vida na qualidade de nossos professores. Portanto, não os subestimemos jamais.

Lista de siglas

Sigla	Significado	Autoria	Observações
a.C.			Idade antes de Cristo.
DAp	*Documento de Aparecida*	Conferência Geral do Episcopado Latino-Americano e do Caribe	Texto conclusivo da V Conferência Geral do Episcopado Latino-Americano e do Caribe.
CDF	Congregação para a Doutrina da Fé	–	Órgão da Santa Sé que difunde e defende a doutrina católica.
CIC	*Catecismo da Igreja Católica*	Papa João Paulo II; 11/10/1992	Documento que expõe sistematicamente a fé e a doutrina católica.
CNBB	Conferência Nacional dos Bispos do Brasil	–	Instituição permanente que congrega os bispos da Igreja Católica no Brasil.
CTI	Comissão Teológica Internacional	–	–

(continua)

(conclusão)

Sigla	Significado	Autoria	Observações
CV	*Caritas in Veritate*	Papa Bento XVI; 29/6/2009	Carta encíclica sobre o desenvolvimento humano integral na caridade e na verdade.
DH	Compêndio dos símbolos, definições e declarações de fé e moral	Denzinger – Hünermann, 2013, 3ª edição revisada e ampliada	–
DV	*Dei Verbum*	Papa Paulo VI; 18/11/1965	Constituição dogmática sobre a Revelação divina.
EG	*Evangelii Gaudium*	Papa Francisco; 24/11/2013	Exortação apostólica sobre o anúncio do Evangelho no mundo atual.
FR	*Fides et Ratio*	Papa João Paulo II, 14/9/1998	Carta encíclica sobre as relações entre fé e razão.
GE	*Gaudete et Exsultate*	Papa Francisco; 19/3/2018	Exortação apostólica sobre a chamada à santidade no mundo atual.
GS	*Gaudium et Spes*	Papa Paulo VI; 7/12/1965	Constituição pastoral sobre a Igreja no mundo atual.
LF	*Lumen Fidei*	Papa Francisco; 29/6/2013	Carta encíclica sobre a fé.
LG	*Lumen Gentium*	Papa Paulo VI; 21/11/1964	Constituição dogmática sobre a Igreja.
LS	*Laudato Si*	Papa Francisco; 24/5/2015	Carta encíclica sobre o cuidado da casa comum.
RH	*Redemptor Hominis*	Papa João Paulo II, 4/3/1979	Carta encíclica destinada a todos os homens de boa vontade no início do seu ministério pontifical.
VD	*Verbum Domini*	Papa Bento XVI; 30/9/2010	Exortação apostólica pós-sinodal sobre a Palavra de Deus na vida e na missão da Igreja.
VS	*Veritatis Splendor*	Papa João Paulo II; 6/8/1993	Carta encíclica sobre algumas questões fundamentais do ensinamento moral da Igreja.

Referências

AGOSTINHO, Santo. A cidade de Deus. 7ª ed. Rio de Janeiro: Vozes, 2002. Parte I.

_____. A doutrina cristã. São Paulo: Paulus, 2002.

_____. A Trindade. São Paulo: Paulus, 1994.

_____. Confissões. Tradução de Maria Luiza Jardim Amarante. 20. ed. São Paulo: Paulus, 2008.

_____. Santo Agostinho. 2. ed. São Paulo: Abril Cultural, 1980. (Coleção Os Pensadores).

ARISTÓTELES. Ética a Nicômaco. São Paulo: Nova Cultural, 1987.

ÁTRIO DOS GENTIOS. Diálogo ciência, cultura e fé. Curitiba: Ed. da PUCPR, 2016.

BENTO XVI, Papa. Exortação apostólica pós-sinodal *Verbum Domini*: sobre a Palavra de Deus na vida e na missão da Igreja. São Paulo: Paulinas, 2010.

_____. Audiência geral: Santo Agostinho de Hipona, 2008. Disponível em: <http://w2.vatican.va/content/benedict-xvi/pt/audiences/2008/documents/hf_ben-xvi_aud_20080130.html>. Acesso em: 21 fev. 2020.

BÍBLIA. Português. **Bíblia de Jerusalém**. São Paulo: Paulus, 1995.

BINGEMER, M. C.; FELLER, V. G. **Deus Trindade**: a vida no coração do mundo. São Paulo: Paulinas; Valência: Siquem, 2003.

BOFF, C. Conselhos a um jovem teólogo. **Perspectiva teológica**, Belo Horizonte, v. 31, n. 83, p. 77-96, 1999.

_____. Teologia e espiritualidade: por uma teologia que ilumine a mente e inflame o coração. **Pistis & Praxis**, Curitiba, v. 7, n. 1, p. 112-141, jan/abr. 2015.

_____. **Teoria do método teológico**. Petrópolis: Vozes, 1998.

_____. **Teoria do método teológico**: versão didática. 6. ed. Petrópolis: Vozes, 2014.

BRIGHENTI, A. **A Revelação como resposta à incógnita da existência humana**. Florianópolis: Itesc, 2003. Apostila da disciplina de Teologia da Revelação.

_____. **Metodologia do estudo e da pesquisa teológica**. Florianópolis: Itesc, 2004. Apostila da disciplina de Metodologia Científica

CATECISMO DA IGREJA CATÓLICA. Petrópolis: Vozes; São Paulo: Loyola, 1992.

CELAM – Conselho Episcopal Latino-Americano. **Documento de Aparecida**: texto conclusivo da V Conferência Geral do Episcopado Latino-Americano e do Caribe. Brasília: CNBB; São Paulo: Paulus/Paulinas, 2007.

CHING, F. D. K.; ONOUYE, B. S.; ZUBERBUHLER, D. **Sistemas estruturais ilustrados**: padrões, sistemas e projeto. 2. ed. Tradução de Alexandre de Salvaterra. São Paulo, SP: Bookman Ltda., 2015.

COMBLIN, J. **História da teologia católica**. São Paulo: Herder, 1969.

CONCÍLIO VATICANO I. *Dei Filius*. Roma, 24 de abril de 1870. Disponível em: <http://www.vatican.va/archive/hist_councils/i-vatican-council/documents/vat-i_const_18700424_dei-filius_it.html>. Acesso em: 21 fev. 2020.

_____. *Pastor Aeternus*. Roma, 18 de abril de 1870. Disponível em: <http://www.vatican.va/archive/hist_councils/i-vatican-council/documents/vat-i_const_18700718_pastor-aeternus_it.html>. Acesso em: 21 fev. 2020.

CONCÍLIO VATICANO II. **Compêndio do Vaticano II**: constituições, decretos e declarações. Petrópolis: Vozes, 1969.

CTI – Comissão Teológica Internacional. **Teologia hoje**: perspectivas, princípios e critérios. Brasília: CNBB, 2012.

DENZINGER, H. **Compêndio dos símbolos, definições e declarações de fé e moral**. 3. ed. São Paulo: Paulinas, 2013.

DI STEFANO, R. Por una historia de la secularización y de la laicidad en la Argentina. **Quinto Sol**, Argentina, v. 15, n. 1, 2011. Disponível em: <https://cerac.unlpam.edu.ar/index.php/quintosol/article/view/116/94>. Acesso em: 21 fev. 2020.

EICHER, P. **Dicionário de conceitos fundamentais de teologia**. São Paulo: Paulus, 2005.

FISICHELLA, R. In: PACOMIO, L.; MANCUSO, V. **Lexicon**: dizionario teológico encicopledico. Roma: Piemme, 1993.

_____. **La fe como entrega personal del hombre a Dios y como aceptación del mensaje cristiano**. Roma: Concilium 21, 1967.

FRANCISCO, Papa. **Exortação Apostólica** *Evangelii Gaudium*: a alegria do Evangelho. Sobre o anúncio do Evangelho no mundo atual. Brasília: CNBB, 2013.

_____. **Exortação Apostólica** *Gaudete et Exsultate*: sobre a chamada à santidade no mundo atual. São Paulo: Paulinas, 2018.

GALLIANO, A. G. **O método científico**: teoria e prática. São Paulo: Harbra, 1986.

GLEISER, M. Sobre a vida após a morte. São Paulo: **Folha de S. Paulo**, 22 de maio de 2011. Entrevista.

GEFFRÉ, Claude. **Como fazer teologia hoje**: hermenêutica teológica. Tradução de Benôni Lemos. São Paulo: Paulinas, 1989.

GIRARDI, D. R. **Filosofia Medieval**. Curitiba, 2018. Notas de aula.

GODOY, M. Ratzinger dialogou com a razão e a ciência. **Estadão**, São Paulo, 1º mar. 2013. Disponível em: <https://www.estadao.com.br/noticias/geral,ratzinger-dialogou-com-a-razao-e-a-ciencia-imp-,1002896>. Acesso em: 21 fev. 2020.

HABERMAS, J. **O futuro da natureza humana**. Tradução de Karina Jannini. 2. ed. São Paulo: M. Fontes, 2010.

INFOSC. O pensamento e diferenças das escolas de Alexandria e de Antioquia. 2012. Disponível em: <https://www.infosbc.org.br/site/artigos/2682-o-pensamento-e-diferencas-das-escolas-de-alexandria-e-de-antioquia->. Acesso em: 21 fev. 2020.

IZQUIERDO, C. **Fides qua – fides quae**, la permanente "circumincesion". Pamplona: Universidade de Navarra, 2013.

JOÃO PAULO II, Papa. **Carta encíclica** *Fides et ratio*: sobre as relações entre fé e razão. São Paulo: Loyola, 1998.

JOÃO PAULO II, Papa. **Redemptor Hominis**. Roma, 4 de março de 1979. Disponível em: <http://www.vatican.va/content/john-paul-ii/pt/encyclicals/documents/hf_jp-ii_enc_04031979_redemptor-hominis.html>. Acesso em: 21 fev. 2020.

JOÃO XXIII, Papa. **Discurso de Sua Santidade o Papa João XXIII na abertura solene do Concílio Vaticano II**, 1962. Disponível em: <http://w2.vatican.va/content/john-xxiii/pt/speeches/1962/documents/hf_j-xxiii_spe_19621011_opening-council.html>. Acesso em: 21 fev. 2020.

LACOSTE, J-Y. **Dicionário crítico de teologia**. São Paulo: Paulinas; Loyola, 2004.

LAROUSSE. **Grande dicionário Larousse Cultural da língua portuguesa**. São Paulo: Nova Cultural, 1999.

LATOURELLE, R. **Teologia da Revelação**. São Paulo: Paulinas, 1985.

LIBÂNIO, J. B. **Eu creio, nós cremos**: tratado da fé. 2. ed. São Paulo: Loyola, 2000.

LIBÂNIO, J. B.; MURAD, A. **Introdução à teologia**: perfil, enfoques, tarefas. São Paulo: Loyola, 2003.

MARÇAL, J. (Org.). **Antologia de textos filosóficos**. Curitiba: Seed-PR, 2009.

MONDIN, B. **Os grandes teólogos do século vinte**. São Paulo: Paulinas, 1979a. (v. 1 – Os Teólogos Católicos).

_____. **Os grandes teólogos do século vinte**. São Paulo: Paulinas, 1979b. (v. 2 – Os Teólogos Protestantes e Ortodoxos).

MORI, G. A teologia e suas interfaces com as ciências sociais no estudo da religião. **Perspectiva Teológica**, Belo Horizonte, v. 39, n. 109, p. 397-409, 2007.

MORIN, E. **A cabeça bem-feita**: repensar a reforma, reformar o pensamento. Tradução de Eloá Jacobina. 8. ed. Rio de Janeiro: Bertrand Brasil, 2003.

NUNES, R. A. da C. Santo Agostinho e o menino. **Revista da Faculdade de Educação**, São Paulo, v. 1, n. 1, p. 157-163, 1975.

PACHECO, M. C. M. **Linhas dominantes da patrística grega**. 2014. Disponível em: <http://ler.letras.up.pt/uploads/ficheiros/4635.pdf>. Acesso em: 21 fev. 2020.

PADRES APOSTÓLICOS. Coleção Patrística. São Paulo: Paulus, 1997.

PÁDUA, M. A. C. A arquitetura dos egípcios: das mastaba aos templos. Joinville: Clube dos Autores, 2017.

PASSOS, J. D. Teologia e outros saberes: uma introdução ao pensamento teológico. São Paulo: Paulinas, 2010.

PETROSILLO, P. Cristianismo de A a Z. Lisboa: Edições São Paulo, 1996.

PINHEIRO, L. A. A atualidade de Santo Agostinho: uma perspectiva teológico-pastoral. Horizonte, Belo Horizonte, v. 7, n. 13, p. 115-126, 2008.

PONTIFÍCIA COMISSÃO BÍBLICA. A interpretação da Bíblia na Igreja. Roma, 15 abril de 1993. Disponível em: <http://www.vatican.va/roman_curia/congrega tions/cfaith/pcb_documents/rc_con_cfaith_doc_19930415_interpretazione_po.html>. Acesso em: 21 fev. 2020.

RATZINGER, J. Introdução ao cristianismo: preleções sobre o símbolo apostólico. São Paulo: Herder, 1970.

_____. Natureza e missão da teologia. Tradução de Carlos Almeida Pereira. Petrópolis: Vozes, 2008.

REALE, G.; ANTISERI, D. História da filosofia. São Paulo: Paulus, 2006; vol. 7 – De Freud à atualidade..

REDAÇÃO MUNDO ESTRANHO. Como é feito o alicerce de um prédio? Superinteressante, 4 jul. 2018. Disponível em: <https://super.abril.com.br/mundo-estranho/como-e-feito-o-alicerce-de-um-predio/>. Acesso em: 21 fev. 2019.

SANCHES, M. A. Criação e evolução: diálogo entre teologia e biologia. São Paulo: Ave Maria, 2009.

SERTILLANGES, A. D. A vida intelectual: seu espírito, suas condições, seus métodos. São Paulo: Saraiva, 1940.

SESBOÜÉ, B. (Dir.). A Palavra da salvação: séculos XVIII-XX. São Paulo: Loyola, 2006. Tomo 4. (Coleção História dos Dogmas).

SILVA, B. J. da. A fraternidade cósmica na perspectiva do Cântico das Criaturas: uma contribuição de São Francisco de Assis para a teologia mística. Tese (Doutorado em Teologia) – Pontifícia Universidade Católica do Rio de Janeiro, Rio de Janeiro, 2010.

SINNER, R. Teologia como ciência. Estudos Teológicos, São Leopoldo, v. 47, n. 2, p. 57-66, 2007.

SPITERIS, Y. (Org.). Lexicon: Dicionário teológico enciclopédico. São Paulo: Loyola, 2003.

SUSIN, L. C. O estatuto epistemológico da teologia como ciência da fé e a sua responsabilidade pública no âmbito das ciências e da sociedade pluralista. Teocomunicação, Porto Alegre, v. 36, n. 153, p. 555-563, 2006.

TERESA DE JESUS, Santa. Livro da vida. Tradução das carmelitas descalças do Convento de Santa Teresa. 2. ed. São Paulo: Paulinas, 1983.

TOMÁS DE AQUINO, Santo. Compêndio de Teologia. Porto Alegre: Concreta, 2015.

_____. Suma contra os gentios. Campinas: Ecclesiae, 2007.

_____. Suma teológica. Disponível em: <https://sumateologica.files.wordpress.com/2017/04/suma-teolc3b3gica.pdf>. Acesso em: 21 fev. 2020.

_____. Suma teológica. São Paulo: Loyola, 2001. v. 1.

TRIGO, P. Criação e história. São Paulo: Vozes, 1988.

ZABOT et al. Bíblia e natureza: os dois livros de Deus – reflexões sobre ciência e fé. São Paulo: Mensageiros de Santo Antônio, 2016.

Bibliografia comentada

BÍBLIA. Português. **Bíblia de Jerusalém**. São Paulo: Paulus, 1995.

A Sagrada Escritura é a alma e a fonte de toda a teologia cristã em questão de fé e moral e de todas as questões da existência humana. Foram utilizados como fontes textos bíblicos do Antigo e do Novo Testamento, alguns em citação direta e outros como fundamento da frase e/ou parágrafo.

BOFF, C. **Teoria do método teológico**. Petrópolis: Vozes, 1998.

_____. **Teoria do método teológico**: versão didática. 6. ed. Petrópolis: Vozes, 2014.

Ambas as obras do teólogo Clodovis Boff, uma em versão completa e outra em versão didática, apresentam uma clara e sistemática fundamentação científica da Teologia. No Brasil e na América Latina, tanto a obra como o autor são referência em relação ao cerne da teologia cristã.

COMISSÃO TEOLÓGICA INTERNACIONAL. **Teologia hoje**: perspectivas, princípios e critérios. Brasília: CNBB, 2012.

Esse documento da Comissão Teológica Internacional estabelece uma visão da teologia atual de modo criteriosamente científico, apresentando perspectivas, princípios e critérios de discernimento e atuação.

CONCÍLIO VATICANO II. **Compêndio do Vaticano II**: constituições, decretos e declarações. Petrópolis: Vozes, 1969.

Esse documento compila as constituições, os decretos e as declarações do Concílio Vaticano II e insere uma reflexão atualizada sobre o ser e a missão da Igreja no mundo. Na obra, foram utilizadas principalmente as constituições, que por seu peso doutrinal são referência para a composição de obras teológicas.

DENZINGER, H. **Compêndio dos símbolos, definições e declarações de fé e moral**. 3. ed. São Paulo: Paulinas, 2015.

Trata-se de uma obra volumosa e excepcionalmente técnica dedicada a pronunciamentos dos mais diversos tipos do Magistério eclesiástico, que permite ao estudioso da teologia católica encontrar fontes seguras de textos em seus diversos modos (pronunciamentos, declarações, constituições etc.) e com diferentes pesos (normativos e de autoridade) em questões de fé e moral.

EICHER, P. **Dicionário de conceitos fundamentais de teologia**. São Paulo: Paulus, 2005.

LACOSTE, J-Y. **Dicionário crítico de teologia**. São Paulo: Paulinas/Loyola, 2004.

SPITERIS, Y. (Org.). **Lexicon**: dicionário teológico enciclopédico. São Paulo: Loyola, 2003.

O aprofundamento de alguns termos importantes foi buscado em fontes como enciclopédias e dicionários teológicos. Esses três dicionários contribuíram de modo significativo nesse sentido.

JOÃO PAULO II, Papa. **Carta encíclica *Fides et Ratio***: sobre as relações entre fé e razão. São Paulo: Loyola, 1998.

A encíclica *Fides et Ratio* é referência quando se pensa na teologia como ciência, por apresentar um conceito de fé e de racionalidade capazes de dialogar entre si e contribuir em uma relação fecunda e dinâmica.

LIBÂNIO, J. B.; MURAD, A. **Introdução à teologia**: perfil, enfoques, tarefas. São Paulo: Loyola, 2003.

Essa é uma obra de referência para a elaboração de muitos dos temas aqui esboçados, como o conceito e natureza da teologia e sua estrutura teórica, assim como um panorama histórico do pensamento teológico e um esboço das linguagens teológicas. Do ponto de vista didático, a estrutura da obra apresenta uma visão sistemática da teologia.

SERTILLANGES, A. D. **A vida intelectual**: seu espírito, suas condições, seus métodos. São Paulo: Saraiva, 1940.

O sexto capítulo dessa obra aborda os componentes para o êxito do labor teológico, principalmente em questões relacionadas à intelectualidade. E, como sabemos, o cuidado e empenho do intelecto para o estudo da teologia são componentes essenciais.

SESBOÜÉ, B. (Dir.). **A Palavra da salvação**: séculos XVIII-XX. São Paulo: Loyola, 2006. Tomo 4. (Coleção História dos Dogmas).

Essa obra integra uma coleção de quatro tomos a respeito da história dos dogmas. Vale ressaltarmos que foi indicação do teólogo João Batista Libânio em uma conversa pessoal como orientação de obras qualificadas para uma boa teologia.

Respostas

Capítulo 1
Atividades de autoavaliação
1. b
2. c
3. b
4. c
5. d

Atividades de aprendizagem
Questões para reflexão
1. Como indica Habermas, em uma sociedade pluralista, a religião e, mais especificamente, a teologia devem ser capazes de acolher o contato com outros credos e religiões, dialogar com a autoridade das ciências e abrir-se à realidade concreta da laicização do Estado.

É nesse ambiente de não mais cristandade que o teólogo deve ser capaz de refletir e autocriticar-se para não incorrer em fundamentalismos e anacronismos, infecundos nos tempos atuais. Como propunha o Papa João XXIII ao convocar o Concílio Vaticano II, cabe ao teólogo conservar as fontes da fé cristã atualizando sua reflexão e teologizar, não apenas reproduzir citações fora de contexto.

2. Teologizar exige esforço e dedicação, além de método e muito rigor científico. A fé comum dos fiéis na Revelação de Deus é pelo teólogo analisada, repensada e criticada para que, pelo labor teológico, possa emergir o sentido mais profundo das coisas comunicadas por Deus no seio da história humana. O teólogo não apenas pensa, mas também é desafiado a comunicar aquilo que inferiu para uma sociedade cada vez mais plural e exigente de sua capacidade de dialogar sem arrogância e autoritarismo.

Capítulo 2
Atividades de autoavaliação
1. e
2. a
3. c
4. c
5. d

Atividades de aprendizagem
Questões para reflexão
1. A linguagem mistagógica pressupõe a experiência viva de fé em Jesus Cristo. O Mistério revelado de Deus e em sua expressão máxima, Jesus Cristo, deixa-se tocar mediante a experiência mistagógica. Essa não é uma experiência de altos graus de elevação espiritual, restrita a um grupo seleto de santos místicos. Antes, é dom de Deus, concedido a todos que se deixam interpelar por

Ele, concretamente em uma vida de santidade. O teólogo que experimenta essa realidade consegue alçar voos maiores, pois fortalece sua identidade cristã e amplia os horizontes de seu discurso teológico.

2. Transformar o conhecimento em linguagem é desafiador, por isso, não acontece de um dia para o outro. Alguns equívocos podem ocorrer no percurso, mas ao acadêmico de Teologia cabe o encargo da autocrítica para avaliar se, de fato, aplicou-se com dedicação e comprometimento na elaboração de um discurso coerente e conforme seu público. Como em outras áreas, teologizar é um processo laborioso que, além dos livros e manuais, exige de si próprio sensibilidade ao público a que se dirige, experiência de vida cristã e capacidade de se comunicar.

Capítulo 3
Atividades de autoavaliação
1. a
2. c
3. a
4. e
5. c

Atividades de aprendizagem
Questões para reflexão
1. As mudanças provocadas pela globalização, a urbanização e a crescente preocupação ecológica, a revolução digital, as questões de violência e gênero, o descontentamento político (bem como a desconfiança de instituições tradicionais, como as comunidades cristãs) e o clima de incertezas no plano econômico desafiam a teologia, e não somente essa ciência, a repensar sua colaboração com a sociedade brasileira, especialmente em relação às novas gerações.

A teologia não perderá seu potencial nem sua novidade, desde que não perca de vista o Evangelho (a Boa-Nova) e sua capacidade de dialogar tanto com outras ciências como com crentes e não crentes.

2. À medida que procura apropriar-se da produção de outras áreas do conhecimento e com elas dialoga, o teólogo pode colaborar construindo uma reflexão mais ampliada sobre assuntos relevantes à sociedade. Em outras palavras, quanto mais o teólogo deixa de olhar apenas sobre o histórico arcabouço teológico cristão e expande seu olhar para a produção científica de outras áreas, mais consegue dialogar e, ao mesmo tempo, encontrar a oportunidade de dar suas contribuições. No Brasil, exemplos de contribuições fecundas já acontecem entre teologia e bioética; teologia e direitos humanos; teologia e literatura; teologia e história; e teologia e arte.

Capítulo 4
Atividades de autoavaliação
1. d
2. c
3. e
4. b
5. c

Atividades de aprendizagem
Questões para reflexão
1. A Palavra de Deus, entendida como Palavra revelada de Deus aos homens, e não apenas o registro da Revelação e da Sagrada Escritura, é fonte e fim da teologia. Desconsiderá-la, partir de outro referencial ou usá-la com finalidade para justificar um discurso preconcebido seria um erro drástico, que trairia a própria natureza da teologia. Por excelência, encontra-se a Sagrada Escritura com a Tradição, como testemunhas primárias da autocomunicação de Deus.

2. O rigor científico não deve destituir do teólogo o dado da fé. Uma teologia realizada metodicamente, mas sem relação com o Mistério da fé, perde sua capacidade de captar com profundidade os dados da Revelação e torna-se apenas um discurso entre tantos outros. Assim, em virtude da grandeza de seu objeto próprio e de seus objetivos, equiparar-se ao mesmo nível de outras ciências por uma racionalidade pura tornaria a teologia uma mãe potente, porém estéril.

Capítulo 5
Atividades de autoavaliação
1. c
2. c
3. b
4. b
5. d

Atividades de aprendizagem
Questões para reflexão
1. Como se pode constatar por meio de uma boa exegese bíblica, a própria Sagrada Escritura sofreu reinterpretações, com continuidades e rupturas em relação à sua Tradição interna. Do mesmo modo, a Tradição cristã tem se mantido vivificada pelo espírito do Ressuscitado, fiel à Revelação e, ao mesmo tempo, com sua mensagem atualizada às novas gerações. Ao Magistério cabe ser vigilante e zeloso pela conservação e transmissão desse depósito da fé. O teólogo abarca em sua produção esses três lugares teológicos (Sagrada Escritura, Tradição e Magistério), no entanto, mantém-se acima de tudo criticamente fiel à Palavra de Deus, fonte e razão fundante destas e da própria teologia.
2. A teologia está a serviço da atualização do discurso sobre Deus. Em todo percurso histórico, ela (bem como toda a Igreja) fora

desafiada a reinventar-se para falar às novas gerações e às novas culturas com as quais se deparou. Atualmente não é diferente, e o teólogo deve tornar-se apto a dialogar em um contexto diverso ao de seus antecessores. Para isso, estando em comunhão com a Tradição da Igreja, deve também ajudar a atualizá-la de forma que a mensagem central da Palavra de Deus, a Boa-Nova, seja mais bem ouvida. Antes de tudo, ele mesmo deve ter-se deixado interpelar por essa Palavra viva e por ela deve ser conduzido para que seu método seja mais que eficiente, seja um método de alcance profundo e produza frutos em meio a tantas sociedades necessitadas de um autêntico discurso que lhes comunique sentido de vida.

Capítulo 6
Atividades de autoavaliação
1. c
2. d
3. b
4. b
5. e

Atividades de aprendizagem
Questões para reflexão
1. Em virtude de sua especificidade, estudar uma teologia católica exige não somente o labor teológico. O teólogo precisa desenvolver sua relação com seu objeto de estudo: Deus. Por isso, a necessidade de alimentar-se d'Ele por meio da oração, fundamentalmente, uma oração bíblica. Aptidões, competência intelectual e hábito de estudo são insuficientes sem a dimensão da fé. No entanto, a fé não está restrita à dimensão intimista de relação com Deus – ela se expande na imersão do teólogo na realidade que o circunda e na convivência com o outro.

2. Não há dúvidas de que o conhecimento produzido pelas várias ciências é muito útil à sociedade. Contudo, a teologia profeticamente proclama que todo conhecimento é incompleto quando não considera a realidade última das coisas, isto é, Deus. De fato, o teólogo goza da alegria de poder, ao mesmo tempo em que pesquisa cientificamente, desvelar os Mistérios revelados por Deus. Assim, a razão alçada pela fé consegue atingir voos maiores e perceber as realidades mais profundas, que não poderiam ser contempladas apenas por meio da razão.

Sobre a autora

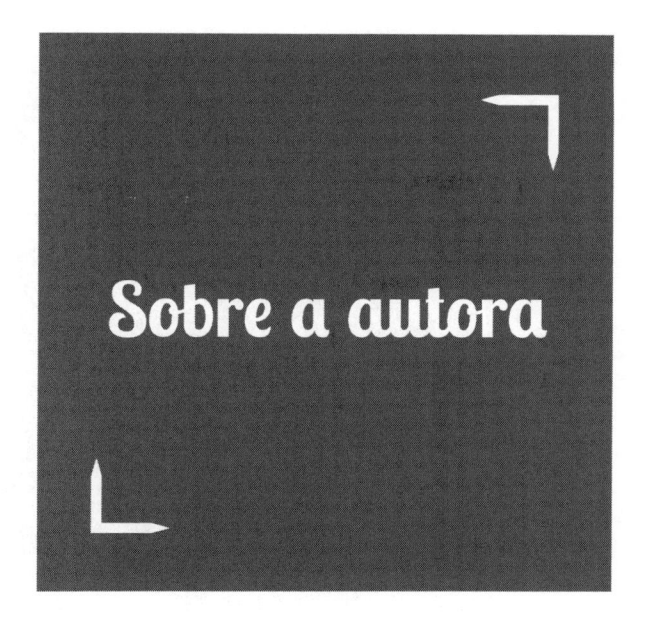

Larissa Fernandes Menegatti é bacharel e mestre em Teologia pela Pontifícia Universidade Católica do Paraná (PUCPR) e estudante de Filosofia pela Faculdade Bagozzi, de Curitiba (PR). Atua como missionária, desde 1998, na Comunidade Católica Arca da Aliança e é assessora pastoral da diocese de Joinville (SC). Foi professora-consultora do Setor Universidades da CNBB (2016-2017), membro do Grupo de Pesquisa em Teologia e Bioética da PUCPR (2014-2016), professora na Faculdade Padre João Bagozzi (2017-2018) e assistente de pastoral na Faculdade Padre João Bagozzi (2014-2017). Atualmente, é membro da Sociedade de Teologia e Ciências da Religião (Soter) e da Sociedade Brasileira de Teologia Moral (SBTM) e professora e conteudista do curso de Teologia Católica da Uninter.

Impressão:
Março/2020